有温度的故事

一线班主任育人之美

谢 晶 / 主编

东北师范大学出版社

长 春

图书在版编目（CIP）数据

有温度的故事：一线班主任育人之美 / 谢晶主编
. — 长春：东北师范大学出版社，2020.11
ISBN 978-7-5681-7423-7

Ⅰ.①有… Ⅱ.①谢… Ⅲ.①中小学—班主任工作—
研究 Ⅳ.①G635.16

中国版本图书馆CIP数据核字（2020）第236350号

□责任编辑：邓江英　　　　　□封面设计：言之凿
□责任校对：刘彦妮　张小娅　□责任印制：许　冰

东北师范大学出版社出版发行
长春净月经济开发区金宝街 118 号（邮政编码：130117）
电话：0431-84568115
网址：http://www.nenup.com
北京言之凿文化发展有限公司设计部制版
北京政采印刷服务有限公司印装
北京市中关村科技园区通州园金桥科技产业基地环科中路 17 号（邮编：101102）
2022年6月第1版　2022年6月第1次印刷
幅面尺寸：170mm×240mm　印张：12　字数：243千

定价：45.00元

编　委　会

序言 Preface

    作为一名一线教育工作者，我时常在想，什么样的教育才是"好教育"？有人说：教育是慢的艺术。有人说：教育是科学与艺术的结合。我更认同：教学相长！我认为教育的终极目标应是人的全面的、终身的发展！教育更像是一场没有终点的旅程，是一场爱的修行。

    德国哲学家雅思贝尔斯曾说过："教育的本质意味着一棵树摇动另一棵树，一朵云推动另一朵云，一个灵魂唤醒另一个灵魂。"所以，我们也把教师称作"人类灵魂的工程师"！那什么样的老师才是"好老师"呢？教书育人二十载，蓦然回首时发现，爱是唤醒灵魂的催化剂，是我们教育旅途中的心灵驿站和港湾。所以，我坚持做有温度的教育，当有温度的班主任！

    独行快，众行远！我要感恩深圳教育这片沃土的滋养！还要感谢工作室全体小伙伴的温暖同行！植根于爱，智慧引领，让教育在爱与温暖中绽放奇异光彩！

谢 晶

2020年9月

目录 Contents

02 第二辑 成长是鼓励出来的

03 第 三 辑　风雨之后见彩虹

04 第四辑　用心守护每一朵花儿

第一辑

01

爱与梦想的种子

林语堂先生说："梦想总潜伏在我们心底，像种子在地下一样，一定要萌芽滋长，伸出地面来，寻找阳光。"

把关于梦想的种子拾起，轻放在大地上，用我们的爱化作汩汩清水，将它们浇灌出七彩斑斓的硕果，那样的硕果，我们称之为"成长"。

"包装"批评

那年，我担任三班的班主任，遇到了一个特别不守纪律的学生——小鑫。高个子的他坐在最后一排，总是左顾右盼，常常搅得周围的同学不得安宁，学生们纷纷向我投诉。不得已，我把他的座位调到最前排，就在老师的眼皮子底下。我心想，这下他该老实了吧？Oh，no！课堂上，他依然是一刻都不消停。他要么趁老师不注意向后转身做鬼脸，要么向隔壁桌的同学扔纸团。几番教育，但他嘿嘿一笑，说一声"哦"，赶紧坐好，不出半分钟一切照旧。面对这样的学生，自认为有足够耐心的我已无计可施。

课间休息，我拿着几本书朝教室走去，一边走一边想：小鑫这孩子我该拿他怎么办？这时小鑫正好从教室里出来，看见我手上拿着几本书，急忙跑过来接过了书："老师，这书太重了，我帮你拿。"看着这个热心而特别的学生，我突然心生一计："小鑫，你真是个热心又善良的孩子，不知道你愿不愿意帮老师一个忙呢？"他立马问道："老师，你是不是有东西忘拿了？""不是，我想请你当我的小助手，可以吗？"他有点羞涩地问道："怎么当？""老师想请你坐在教室后排，记录一下上课期间哪些同学认真听讲，上课回答问题积极，顺便也把上课开小差的同学记录下来，可以吗？"他兴奋极了，当即表示"没问题"，并在课堂上很认真地做起了记录工作。临下课时，我请小鑫公布记录情况，他记录的大多是开小差的同学——某某讲话了，某某扔纸团了，某某画画不听课……我顺势而为地说："太好了，这节课由于有了小鑫的帮忙，课堂纪律好多了。"小鑫听后，脸红了。

我暗自高兴，批评经过我的"包装"，使小鑫不仅没有伤心或感觉没面子，反而从别人身上看到了自己的影子，意识到了自己的不足。

第二天，小鑫来到了我的办公室，主动要求继续担任课堂记录员。此后，他负责监督全班的纪律。当看到课上有个别同学交头接耳或不专心听课时，课后他都会很积极地去指正同学。慢慢地，小鑫开始有了变化，虽然有时候还是管不住自己，但和他最初的课堂表现相比已判若两人。他在纪律和学习方面都有了明显的进步。

小鑫身上发生的变化让我意识到：教师简单的批评对于自控力差的学生没有任何用处，还可能让学生的表现变得更糟。批评不当，难以改变学生，更达不到教育的效果。所以，教师不妨改变方式——将批评"包装"成学生可以接受的方式，甚至将其变成一项"光荣的任务"，这不仅有助于保护学生的自尊心，还能不动声色地起到教育的作用。

深圳市龙岗区新生小学 周瑞芳

点评：

真正的教育不是让学生对教师产生畏惧感、紧张感，不是凭着教师的威严震慑学生，而是教师如春风化雨般地影响学生。这样，学生才能获得身心的健康成长。

爱，可以改变一切

教师对待学生要经常用"三镜"，即"放大镜""反光镜"和"显微镜"。"放大镜"——发掘学生的闪光点，"反光镜"——摘掉学生的缺点，"显微镜"——彰显学生的个性。这样，教师才能全身心地热爱学生。我相信，爱，可以改变一切。

一、个案基本情况

小Z，男，7岁，本学期由外校转入我校读二年级。这个学生非常好动，爱搞恶作剧，易与他人发生冲突。开学刚两周，就惹来了许多投诉：如打哭了三个同学，藏同学的书，把蚂蚁放在女同学的头上，拿同学的钱去买纸牌……他犯了错误，还常用说谎来推卸责任。上课时，他注意力不集中，不是招惹周围的同学就是做小动作，做作业马虎，常常丢三落四。而实际上，这个学生反应较快，表达能力也很强，只是因为无心学习，加上好动分心，成绩一直不理想。

据了解，小Z父母的文化程度都不高，平时工作忙碌。小Z出生后，便由外公外婆带到乡下。老人视其为心肝宝贝，过分溺爱，不加约束。父母将其带回深圳后，发现其过于好动，怀疑他有"多动症"。经检测，小Z的智力正常，注意力无障碍。但随着年龄的增长，他的多动行为并未消退，家长经常接到投诉。小Z的父亲脾气暴躁，常采用打骂、训斥的方法，有一次一巴掌将他打出了鼻血；小Z的母亲也曾多次批评教育，但收效甚微，便罚他跪在鹅卵石上，或把他关在家里，不让他出去惹是生非。小Z对此相当不满，常向家中保姆挑衅，与保姆争吵，还不时撒谎、推卸责任、逃避责罚。

二、分析

从上述个案可以看出，该学生具有较明显的多动行为，如注意力不集中，活动过多，爱捉弄人。但这与儿童多动症是有区别的。第一，该学生虽然好动，但是他有一定的自控能力，在老师的暗示、批评下能有所收敛；而多动症患儿一般无自控能力，往往不听成人规劝，看似"无法无天"。第二，该生注意力并无障碍，他在做自己感兴趣的事情时，如看动画片，也可以很专注；而多动症患儿的注意有意性和意志的坚持性都有明显的缺陷，不能把一项活动较持久地进行到底。第三，该学生并无学习障碍，只要认真就能取得好成绩；而多动症患儿不仅有注意障碍，还伴有学习障碍，是很难取得好成绩的。因此，可以判断该学生不属于多动症，而是一般的多动行为，随着儿童的发展和进行有效的心理咨询教育，这种多动行为可以逐步改变。

另外，研究表明，有多动行为的儿童还容易引发一系列品行障碍。这与儿童所处的环境及家长的教育方法有很大的关系。例如，个案中的小Z除有多动行为外，还伴有攻击性行为及偷窃、说谎等不良品行。

1. 攻击性行为

家长因孩子多动而感到厌烦，采用训斥、打骂等粗暴手段，常会使孩子产生逆反心理，用攻击性行为来发泄心中的不满。

2. 偷窃

有多动行为的孩子自控力较差，见了喜欢的东西会情不自禁去拿。如果此时家长对孩子拿回的不明物品不加以过问，孩子就易养成小偷小摸的习惯。

3. 说谎

孩子怕被责罚而用说谎来推卸责任。

三、心理辅导与教育方法

（一）建立诚信关系，进行个别心理辅导

要对小Z这种具有顽劣心理问题行为的孩子进行心理辅导和教育，必须先取得他们的信任，和他们建立起融洽和谐的关系。当他们的心扉向你敞开，你才能有的放矢地进行心理辅导。因此，我注重从日常生活的小事着手，抓

住契机、以爱感化，让他感受到老师的关心，感到温暖而有所触动。在此基础上，我找他谈话，并以儿童常用的拉钩方式约定要互说实话，使他既感到有趣，又感到老师对他的信任。在谈话中，我了解了他的兴趣爱好、家庭环境、不良行为产生的原因。

根据他的情况，我制定出转化方案的第一步：树立是非观念，消除偷窃诱因。我先通过故事诱导，给他讲一些人由顺手牵羊到小偷小摸，最后走上犯罪道路的故事；接着，推荐他看一些少儿法制教育读本，并告诉他：一个人要得到一样东西，必须通过正当的手段或途径获取，帮助他树立是非观念，进而从思想上认知自己的行为。

（二）提高家教水平，改善家庭心理环境

我与小Z的父母和保姆都进行了推心置腹的交谈，要求他们共同注意孩子的行为发展，尽量满足孩子正当的物质要求。但对孩子无益的物质享受，一定要讲清原因，不能一味地以物质刺激来满足他，以免产生负面效应。对孩子拿回来的东西要注意查清来源，时刻告诫他别人的东西不能乱拿，发现情况，要及时和老师联系。

另外，诚心诚意地向家长指出，因怕孩子惹事，把孩子关在家里，或者孩子犯了错误，采用训斥、打骂的粗暴方式，只会增长孩子的逆反心理，对孩子的教育产生不利影响。家长很受启发，表示愿意配合学校做好孩子的转化工作。我趁热打铁，向家长推荐了一些有关孩子心理辅导的书，如《怎样使你的孩子心理更健康》《关爱你的孩子——孩子心理实例分析与父母对策》等，介绍家长去听一些心理健康讲座，提高家教水平，给孩子创设一个相对宽松的心理环境。在以后的随访中，家长经常主动来校了解情况，商谈辅导的方法。

（三）进行科学训练，提高注意力

鉴于小Z做事易分心好动，注意力不集中，除对他进行一定的心理辅导外，我还对他进行一些科学训练，以提高其注意力。

1. 通过平时生活训练获得

教给家长方法，每天让小Z在家里进行持续15分钟（时间可逐渐延长）的集中注意力的训练，如图形记忆训练法、听音想象法、静坐等。这样循序渐进，小Z集中注意力的时间逐渐增加。

2. 通过课堂训练获得

安排他坐在第一排，选派班上一个自控能力强、品学兼优的学生与他同桌，监督并指导他。在上课时，教师经常用目光、点头、一定的面部表情暗示他，及时提醒他遵守纪律，一有进步，立刻表扬，强化其良好行为。

经过心理辅导和科学训练，小Z上课时热情很高，常常举手发言，偶尔有小动作，但只要老师目光一暗示，他就会马上坐好。

（四）利用集体力量，影响、锻炼、转化

针对小Z常捉弄人、欺负同学的情况，我决定改善小Z的人际关系，利用集体的力量来改变他。首先，一次心理辅导结束后，我给小Z布置了一个任务：算算开学以来，和多少同学闹过矛盾，让他进行自我反思，使他心里有所触动。其次，我在班上开展了"友情大讨论""不让一只小雁掉队"的主题班会，引导其他学生正确看待他，主动关心他。小Z感受到集体的温暖，感到很快乐。再次，我抓住时机对他进行心理辅导，让他正确评价自己，他表示自己从前捉弄、打骂同学是不对的，并主动提出也要帮助有困难的同学。最后，为了尽快帮助小Z，我创设情境，和一些学生悄悄约定，可以故意在他面前遇到困难，让他感受到帮助他人的快乐，每帮助一个人，小Z都很兴奋地跑来告诉我，领取我奖励他的"红苹果"。就这样，小Z在我的鼓励下，在大家的共同帮助下，逐渐向好的方向发展，已经有近一个月没人来投诉他。

（五）发展特长，在活动中陶冶迁移

有多动行为的学生大多精力旺盛，要创设机会让他们参加自己喜爱的活动，使他们的剩余精力得到释放。小Z喜欢体育活动，特别想踢足球。学校暂时无相应条件设备，我就让他先参加其他的体育活动，如跑步、跳绳、打篮球等，为将来有机会踢足球练好身体。接着，我引导他参加体育活动以外的兴趣班，既开阔了他的视野，又消耗了他多余的精力。另外，我还将他的兴趣爱好与学习联系起来，如他爱画画，我就指导他在画上配上一段文字，并在教室里张贴。看到同学们竖起大拇指夸奖他，小Z的兴奋劲儿甭提多高了。现在他的作品已积了厚厚一叠，学习的兴趣越来越浓了。

（六）制定意志力计划表，巩固其行为习惯

小Z的行为习惯开始好转，为了防止出现反复，我、小Z及其家长共同制定了一个意志力计划表，以达到彻底转化的目的。

1. 计划表

（1）每天7：00起床，自己穿衣洗漱。

（2）早上7：30，下午1：40从家里出发，按时到校。

（3）上课认真听讲，不做小动作。

（4）作业独立完成，争取100%正确率。

（5）晚上9：00准时睡觉，睡前整理书包。

（6）不乱拿别人的东西，不打人，不说谎。

2. 意志力训练表

项目＼星期	一	二	三	四	五
1					
2					
3					
4					
5					
6					

注：项目为计划中的具体行为，若做到了用符号"*"表示。

3. 奖励措施

（1）1天内各项要求都达到，老师奖励其一朵特别为他做的"七色花"。

（2）5天内各项要求达到90%，家长奖励其看喜欢的卡通片。

（3）5天内各项要求都达到，家长带其出门游玩或参加喜爱的活动。

四、教育效果

经过一个学期的辅导，小Z慢慢地转变了，他妈妈欣喜地告诉我："现在不用每天喊小Z做作业了，也没有人来家里投诉了……"学生们告诉我："小Z现在不打骂人了，还会帮助人了……"一只掉队的小雁终于知道回家了，我的心中充满了喜悦。虽然小Z的行为有时会出现反复，但我明显地感觉到他行为里的顽劣少了！我深信：有了心理辅导的妙方，一个全新的小Z一定会展现在大家面前。

深圳市龙岗区平安里学校　王佳佳

点评：

教师要用赞赏的眼光看待好学生，用鼓励的眼光看待中等生，用关怀的眼光看待后进生，教师要给不同层次水平的学生以不同的关注。

爱在左，智慧在右

      "老师快来啊！小怡的下巴流血了！"这句话把正在办公室改作业的我惊得跳起来，我马上跑出办公室，来到操场，见到小怡的下巴和脖子上全是血，甚是吓人。"怎么回事？"还没等小怡回答，边上围观的学生就七嘴八舌地争着说道："老师，是小天推的！"我的眼睛一下子盯住了旁边站着的小天。小天胆怯地说："老师……不是我……"我来不及继续追问，赶紧拿出纸巾帮小怡止血，但血流不止的情况让我措手不及，我赶紧找车直奔医院。后来小怡的下巴被缝了三针，血也止住了，医生说并无大碍。接到我电话的家长赶到时既心疼又着急，幸好在了解事情原委后比较通情达理，也谅解了孩子间的小意外，并没有找麻烦。我也给小天妈妈打了电话，简单说明了情况，小天妈妈听说后在放学接孩子时提了一袋子水果，双方家长坐下来谈了谈，而且孩子也上了保险，不涉及费用的问题，我以为这就算解决了。

    就在我送走双方家长没一会儿后，小天妈妈又悄悄回来对我说她刚才在校门口问了小天，小天说不是他推的，而是小怡自己摔的，她又问了几个别的孩子，他们也说不是。家长希望我把事情弄清楚。我突然间意识到我犯了一个严重的错误，我根本没调查，只是片面地听别人说或孩子自己说。

    第二天一大早我一来到学校，就把昨天在场的几个孩子叫来问情况。结果可想而知，谁都没有亲眼看见，都只是"道听途说"，都是听小怡自己说的。想到小天妈妈提及过小静，我又赶紧向她了解情况，原来小怡是被操场上破了个坑的塑胶跑道绊倒的。之后我又到事发地点看了，果真如此。我立刻把调查结果告诉了小天妈妈，并为我的工作不到位表示歉意。

我挂了电话，又拨通了小怡爸爸的电话，简单慰问后就把早上的事情说了一遍，谁知对方一听就急了，生气地说："这是你们在推卸责任，怕承担后果，我们本来没想怎样的，现在必须要讨个说法！"然后他很生气地挂了我电话。我的心更不安了，我懊恼自己怎么那么不冷静，弄巧成拙了。于是，我赶紧去超市买了水果和营养品直奔小怡家，就刚才的电话解释了半天，家长的心情才稍微平复了。

其实每个人或多或少都有那么点自私，都怕承担责任，更何况是小孩子。事情发生了不是要找谁的责任，而是要先解决问题，平息矛盾。在后来的日子里，我只打电话慰问孩子，责任的事没再提。一个星期后，小怡重新返校，过后我给孩子们讲了一个绘本故事《云彩面包我说谎了》，聊天的过程中当我再问起小怡那天发生的事情时，她才胆怯地承认了自己的错误。

深圳市龙岗区平湖街道白坭坑小学　卢婷婷

点评：

冰心在《赠葛洛》的诗集中写道："爱在左，情在右，走在生命的两旁，随时播种，随时开花。将这一径长途，点缀得花香弥漫，使穿枝拂叶的行人，踏着荆棘，不觉得痛苦，有泪可落，却不觉得悲凉。"而作为班主任的我们，更应该做到：爱在左，智慧在右，走在生命的两旁，随时播种，随时开花。使穿枝拂叶的学生和家长，踏着荆棘，却觉得幸福。

煲好眼操这锅汤

大家心目中班主任的工作是事无巨细、劳心劳神、婆婆妈妈的。其实在班级管理中，如能巧妙地运用一些技巧，会让你收获沁人的馨香。

课间，班长气喘吁吁地跑来汇报："老师不好啦，我们班的眼操又被扣分了，浩浩扮鬼脸，惹得大家哄堂大笑。"眼操屡次被扣分，已成了我的"心头病"。浩浩的屡教不改也让我甚是头疼。身在广东，耳濡目染受到煲汤文化的影响，我准备来"煲锅靓汤"，转化浩浩，整顿眼操。

第一步：选材配料，调配组员。

小组成员的配比正如汤料的合理搭配。得知浩浩不喜欢现在的组长，经常发生矛盾，于是，我征求他的意见把他调换到耐心且包容的小颖那组，并私下做好了组员的思想工作。合理配料后，就要进行下一步。

第二步：武火开煲，帮扶激励。

调组后，小颖的耐心和组员的热心帮助使得浩浩有所好转。为了避免其不良行为的反弹，我又加大了火力。每个孩子都希望得到别人的肯定，这时，让浩浩有成就感，定会对转化工作起到助推的作用。于是，我留心捕捉浩浩认真做眼操的瞬间，拍照、在班级展示，并发到家长群里极力表扬。回家被妈妈表扬的浩浩甭提多高兴了。接下来，他做眼操认真了很多。我看时机到了，大胆地建议让他来当组内的眼操监督员。当了"官"的他做起眼操来更是有板有眼。于是我把这个举动映射到其他组，一批新的眼操监督员诞生了。此时眼操这锅汤已有香气飘散出来了。

习惯的养成，除了行为的正强化、外力的助推之外，还需要长时的培养，才能形成条件反射。眼操这锅汤此时到了文火慢炖、活动养行环节。

眼操监督工作如火如荼地进行着，班内开展了小组眼操评比、眼操标兵评比等活动，并利用家委会的力量，定期组织活动，奖励表现好的学生。慢慢地，异彩纷呈的活动多起来了，学生们找到了自信，班级呈现了你追我赶、积极进取的局面。眼操这锅汤已浓香弥漫。

在整顿眼操的过程中，我进行了合理分组，利用组员的帮扶力量发挥榜样的感召力量，对学生的不良行为进行正强化，并利用了家长的辅助力量，活动养行，使得课间操这锅汤馨香四溢。

教育亦如煲汤，循序渐进，教师适时掌握火候，定会收获喜人。

深圳龙岗区平安里学校　张晓雪

点评：

该班主任老师在处理浩浩的眼操问题上，与广东人的煲汤工序不谋而合，有着异曲同工之效。的确，循序渐进、适时掌握火候的教育一定会馨香四溢、水到渠成。

编织梦想的明信片

我一直坚信，教育是需要情怀的。一位有情怀的教师，才能教育出一群心善的孩子。因此，每次学校派我到外地学习，我总会给孩子们带些什么小手信：有时带回当地的小特产全班分享，有时带回特色的小玩意每人一份。礼很轻，但情谊很重。

2017年的5月，学校派我去北京学习5天。在5天的学习中，我一直在想，我该给孩子们带些什么呢？北京是我国的首都，这么特别的地方，也该给孩子们带些有特殊意义的小礼物。左思右想之下，最终决定：给每个孩子送上一张北京大学和清华大学的明信片。我还亲手在每一张明信片上都写上这么一句话：不要让一时的失落，否定你成为英雄的可能。这是北京大学给2017年自主招生初审未通过的学子发的"安抚信"。那天，我也把这句话亲笔写在了我从北京捎给孩子们的43张明信片上，并附属上"清华大学（北京大学）在等你"这句激励性话语，希望孩子们的心中都有一个"清华北大"梦，并朝着这个梦想殿堂勇往直前。当我把这份特别的礼物亲手给到每一个孩子的手上时，他们高兴得跳起来，简直爱不释手，还说这是他们收到的最特别的礼物，一定会好好珍藏。

令我更加惊喜的是，在后来的一次考试中，就"我的梦想"这个主题作文，很多孩子都写到他们的梦想是能考上北京大学或清华大学！还有一个孩子这样写道："我的梦想很顽皮，它藏在卢老师送给我的明信片里，谢谢老师为我编织了这个奇特而美好的梦想。我知道这个梦想不容易实现，因为那是我国最高学府，但是我会记得老师对我说的话，遇到困难不气馁，不要让一时的失落，否定我实现梦想、成为英雄的可能！老师，我会努力学习，等我考上了清华大学，我也要给您寄一张清华大学的明信片，告诉您，我的梦想实现了！"我看到孩子稚嫩但真挚的言语，倍感欣慰。

就这样，一张小小的明信片，为孩子们编织了一个彩色的梦想；一次无声的教育，淌进了孩子们的心田，

深圳市龙岗区平湖街道白坭坑小学　卢婷婷

点评：

明信片能给人带去最纯粹的祝福，而这位送明信片的教师还照亮了学生的生活，温暖了学生的内心，点燃了学生的梦想之火。一张明信片、一行留言、一句鼓励的话语，这些文字的留存让教师的情感不是过眼云烟，而是可以被深深地保存起来，或者被深深地再次唤起。

播撒爱的种子

著名教育学家夏丏尊说过："教育没有情感、没有爱，就如同池塘没有水一样。没有水，就不能称其为池塘。没有感情，也就没有教育。"学生的心灵世界是极其广阔的天地，作为班主任，在学生广阔的心灵世界里耕耘，就必须努力地在教育的池水中播撒爱的种子，倾注润泽。针对问题学生，教师更要多一分关爱、多一分尊重、多一分耐心。

打开记忆的闸门，一个叫鑫的孩子不禁浮现在了我的眼前。曾经的留守儿童，五年级才跟打工的父母来到深圳，有许多坏毛病。他与父母关系紧张，跟坏孩子学坏，甚至把家里的钥匙都配给了外人。在学校，惹是生非，甚至偷偷把别人的东西占为已有。而作为班主任的我，要让他感受到老师没有放弃他，我把他编到了第一排，让他当劳动委员。只有拉近了心的距离，才有希望帮助他走出沼泽！

学生虐我千百遍，我待学生如初恋。记得2012年，我赴南京参加班主任培训，刚离开一天，班长就打电话给我汇报，讲述班上一个孩子的手表丢了，还给我罗列出了见过手表的人员名单，我心中已经有了主意。为期几天的培训结束后返回深圳已是晚上九点，回家放了行李，我就径直去了鑫的家里进行家访。我让鑫坐到我的跟前，与他寒暄了好一会儿，然后对他说："你放心，你做的错事，我谁也不告诉，天知地知你知我知，只要你承认错误，以后不再犯，老师绝对信守承诺。"孩子妈妈也急了："你看老师刚赶回来，自己的孩子没管，饭也没吃，都是为了你呀！"就这样僵持了一个多小时，鑫被我的真诚打动，跑上阁楼取来了手表。我信守承诺，为他死守这个秘密。

两年的相处与教育，他悄然发生了改变。校运会上，他为班级荣誉奔跑冲刺；大扫除，他总揽最脏最累的活；课堂上，他专注听讲、积极发言；在家里，他会帮着父母干家务，也不再顶撞父母，更没偷拿过一分钱……

近几年的大年初一，我总会收到一个特别的祝福电话，就是鑫的来电。他说，因为当年我的严格，他才没有误入歧途。我想作为班主任的幸福感就在于此吧！

面对问题学生，首要的是尊重，尊重会让他放下戒备，敞开心扉；然后是同理，感受他的感受，站在他的角度去思考问题；最后是以情动人，教育无痕，水到渠成。

严在当严处，爱在细微中，我将会一直践行下去！

深圳市龙岗区盛平小学　向伶俐

点评：

"严在当严处，爱在细微中"，教师在整个故事中，充当的就是这样一个严爱相济的角色。在学生迷失方向的时候，教师给予他春雨般爱的教育，改变就在情理当中了。班主任，就是一个走心的角色，文中的老师做到了！

插上梦想的纸飞机

　　66 告诉大家一个好消息，下周学校举办体育文化艺术节，一至三年级要进行纸飞机比赛，每班6个名额，欢迎大家踊跃报名。"在活动课时，我的这个通知犹如炸弹在教室里炸开了，孩子们顿时沸腾一片。

　　教室内孩子们那灵巧的小手不停地折叠着，操场上孩子们奔跑着、欢呼着。然而，随着孩子们玩飞机的热情日渐高涨，往日一尘不染的教室地面多了白色纸屑，听到上课音乐的响起，往日教室里一个个认真静候的面孔逐渐有了缺席。全班同学的共有财产——语、数、英的用纸，正在一张张地变成纸飞机。看来，这纸飞机活动带来的既有喜也有忧啊。面对这一切，此刻的我想大声训斥，可是理智让我把张开的嘴又闭上了。

　　这不，今天又是这番景象。但我还是一如既往地开始讲课，似乎一切都没有发生。快放学时，我布置作业："今天的作业我们来创编童话故事，主人公就是大家的最爱——纸飞机。"孩子们听了以后，先是惊讶，然后变成了欣喜。我又进行了作业补充："可以写《如果我是纸飞机》《纸飞机的烦恼》《纸飞机的抗议》……"

　　给孩子们一支笔，他们可以写一本书，一篇篇富有情趣和哲理的故事诞生了。我们在课上分享着孩子们的作品：纸飞机飞到了贫困山区，看到小伙伴没有作业纸写作业，摇身一变，变成了一本本作业本，小伙伴们可高兴了；纸飞机控诉小主人随便丢垃圾；等等。我轻轻地念着他们的作文，每个孩子都听得津津有味、若有所思。

　　"纸飞机的故事带给我们什么启示呢？"我的一句问话激起了千层浪：

节约用纸，只能用废纸来叠纸飞机；叠纸飞机出现的垃圾要自己主动捡起来；听到音乐响起要马上进教室上课，不要因为玩飞机而耽误了学习；等等。听着孩子们总结的玩纸飞机规则，我情不自禁地把掌声送给了他们。

之后的日子里，孩子们依然玩纸飞机，但是他们的行为在悄然发生着变化。为了"将玩进行到底"，我们班不仅在纸飞机比赛中获得了年级第一名，孩子们还在玩纸飞机的过程中了解了飞机的发展史，有个别孩子还说要成为飞行员呢！

深圳市龙岗区平湖街道白坭坑小学　卢婷婷

点评：
_____

纸飞机飞到一定的高度会自然降落，但如果这纸飞机插上了梦想的翅膀，有了勇往直前的飞翔的方向和动力，就会越飞越远。被赋予了"教育"的纸飞机，不仅是孩子手中的玩物，更是教会他们人生道理、处事准则的介物。而能让纸飞机变得有价值的，正是有教育情怀的班主任。

带刺的玫瑰

灭绝师太，我再也不会相信你了……

这是我2008年所教毕业班的一个学生丢给我的一句话，当时的我在风中凌乱……

事情的原委是这样的：这个孩子叫伟铭，是个有名的"刺头"。虽然恶作剧、顶撞老师都跑不了他，但他很聪明，思维反应敏捷。老师们对于他真是"爱恨交加"。我接手这个班的时候，他们即将毕业，也正值叛逆期，因为他的带头效应，班级状况连连。几经焦头烂额后，我想"擒贼先擒王"，搞定他，势在必行。于是我多方面了解他的兴趣、爱好，寻找突破口。

得知他酷爱体育，又颇有号召力，于是在年级篮球赛中，我让他带班级篮球队进行训练。而在运动场上，他一改以往的混世作风，运球、投球都悉心指导，耐心而细致。虽然比赛失利，但我看到了另一个伟铭。可是赛后，有人取笑我班球技，激怒了他，他与人家厮打起来。我推心置腹地告诉他：嘴长在别人的身上，无法限制，行动才是最好的代言。我认同了他的集体荣誉感，同时鼓励他多为班级做事。这次他竟然没有和我争辩，主动配合班长带动同学复习，迎接期末考试。课堂上他改掉了以往的吊儿郎当，认真了很多。期末验收时不负众望，班级整体夺冠，他的成绩也遥遥领先，一匹黑马横空而出。这件事让我懂得恰到好处地发挥学生的强项，会使他有满满的自信和成就感，而兴趣是最好的老师。

他爱看武侠小说，也送我一个高冷有杀气的名字"灭绝师太"。我也投其所好，在日记评语中与其刀枪剑戟、斧钺钩叉地过招。渐渐地，伟铭开始愿意和我说心里话。一次我从他的日记中得知了他与爸爸关系很僵，父子经常吵架。思前想后，我还是找到了他的爸爸，做思想工作，希望他能多理解孩子。没想到，脾气暴躁的爸爸与他谈不拢，竟然又动手打了伟铭。所以第二天他便冷冷地丢给了我那句：灭绝师太，我再也不相信你了……被孩子误解的我没有做过多解释，依旧坚持不懈地在日记中鼓励他，与其父母多沟通教育方法。我相信，师爱禁得起时间的考验，教育需要静待花开。

毕业前夕的一个晚上，他在网上发来了一段话：灭绝师太，爸爸打完我后向我道歉了，对我的态度也有所转变，我们已经和好了。感谢您一直包容和呵护一个傲娇而脆弱的心灵！老师，我真希望初中还能遇到一个和您一样的老师，您让我感到温暖。

人说一辈子只做一件事不容易。而我们一辈子就是在尽心做一件事——做好班主任。班主任在协调处理各种关系时，既有被误解的辛酸，也有付出了爱后的回报。尽管有时过程漫长，但我们不畏艰辛、坚定前行。因为我们相信：即使带刺的玫瑰，经过爱的浇灌，也会开出娇艳的花朵。

深圳市龙岗区平安里学校　张晓雪

点评：

一个孩子的成长是由多方面因素决定的，一个"刺头"的形成，也应是由多种原因造成的。作为教师，在改变"刺头"的过程中，一定要寻找到症结，并对症下药。

第101种方法

晓军曾是一个让我很失望甚至绝望的学生，我曾经以为自己不管如何努力，都无法改变他。

四年级第一学期开学时，晓军转来我任教的班级。他虽然刚转来，但跟谁都是自来熟，一点陌生感也没有。个头小小的他，非常顽劣，上第一堂课就让我头疼不已。那会儿我正上课呢，他趁我不注意回头扔纸团打后面相距四五个座位的同学。我一回头正好看到了，气愤不已地对他说："晓军，你在干什么？"他脖子一扭，说："我没干什么。""我看见你扔东西。""我没扔啊！""我明明看见你扔，你还狡辩，其他同学看见没有？""看见了。"这时晓军就露出了既委屈又倔强的表情："是他先惹我的。"有时，他上课连课本、笔记本都不带，别人看书时他就东张西望、惹是生非，问他为什么不带书，他会很天真地回答你："我忘记了。""打电话让你妈妈送来。""我妈出差了，没时间。"

跟其他老师交流，大家一谈到晓军就直摇头。我批评过他不管用，软硬兼施、苦口婆心也不起作用，好话说尽也没说到他的心里去，他总是不放弃扰乱课堂纪律。有一次，我让学生在课堂上做习题卷，晓军又东摇西晃没事干，我极力忍着没发火，走过去轻轻问他道："是不是又忘记带习题卷了？""是。"为了让他找点事做，别捣乱，我随手从我那本习题册中拿出一套："这样吧，你做我的卷子，看能不能一节课做完。"他有点吃惊，但也很高兴，赶紧拿起笔开始做题，竟然20分钟就做完了，他一副得意扬扬的样子，举手示意我："老师，我做完了。"我走到他身边翻看一下，整体还不错，就由衷地夸奖他："你太厉害了，这么短时间就完成了一套题，班里别的同学都做不到呢。"他更加得意地看看我，接着又看看周围还在苦思冥想的同学。如果没事干了，他还会捣乱的，于是我问他："现在你把自己做题的技巧写下来好吗？待会儿跟其他同学分享一下。"他犹豫了一会儿就同意了，翻开笔记本写了起来。距离下课还有5分钟，他很自豪地告诉我他写完了。我温柔地对他说："休息一下吧，一节课又写试卷又写解题技巧，够厉害的！"他开心地伸伸胳膊，但没捣乱。课间，他还高兴地跟班上同学分享了自己的解题经验。

从那天以后，他竟然奇迹般地改变了，再也不是那个经常捣乱、惹人讨厌的晓军了，他慢慢变成守纪律、好学的孩子，而我也总是会走到他身边去拍拍他的肩膀，表示关注，还给予他充分的肯定。最为可喜的是，他各科成绩进步很大，已经名列前茅。

我想，真是一把钥匙开一把锁啊，我在快要放弃的时候，无意中用对了钥匙，让晓军一下子改变了。这也让我由衷地感叹：任何时候都不要放弃任何学生，即使使用了100种方法都没能让他有所触动，或许还有第101种方法可以尝试。

深圳市龙岗区新生小学　周瑞芳

点评：

赞美不仅是一名教师应有的素养，更是教师人格魅力的释放。成功的教师之所以成功，在于培养出了值得自己崇拜的学生。所有优秀的教师都希望自己的学生超过自己，也希望以后的学生再超过自己的学生，这才符合社会的发展。

点燃隐藏的热情　静品成长的喜悦

爱尔兰诗人叶芝说过："教育不是注满一桶水，而是点燃一把火。"很早之前便听过这句话，可一直不太理解，直到认识了这个学生。

刚接班时我便注意到了他，课上课下他都很活跃，特别喜欢和老师聊天，后来无意中从其他老师口中听到，他上课捣乱，下课打架，成绩还很差。果然，没几天，他真实的一面逐渐显现出来。我对他进行批评教育，但他总是一副不屑一顾的样子。

我想着高年级的学生其实是懂道理的，于是，我经常找他聊天，和他谈怎样成为一名好学生，谈为什么学生要努力学习，谈该如何做好，等等。每次他都很认真地听，不停地点头，我很欣喜他会耐心听，我把我所能想到的小学生该做好的所有事情、标准、道德等不停地灌输给他，希望他可以按此做好，可是，每一次，我刚和他聊完的第二天他就又开始不停地闹事。

这让我很受挫，但各科老师的投诉逼着我不停地走近孩子的内心。我仔细地观察这个孩子，慢慢地我了解到，这个看似什么都无所谓、什么老师都不怕的孩子，因为成绩差、行为习惯差而长期被批评和忽视，于是他选择用各种不好的行为来吸引全班同学及老师的注意，以求得心里的存在感。

了解到这一原因之后，我做了一个大胆的尝试，让他当班干部，让他有存在感，但是班上学生嘘声一片，高年级的学生显然并不是那么容易接受的。

为了更好地让他在班级站住脚，我在班上开展了"重新认识老同学"的活动，我不停地鼓励学生要有一双善于发现美的眼睛，发现他人的优点。可是刚开始，班级一片沉默，没有人觉得他有何优点。我只好带头说，如他很热情，经常找老师聊天；他今天打人次数少了。于是，大家也尝试着挖掘出他的优点，但优点有限，我也在担心是否能起作用。这时，我第一次看到他露出了有点含蓄又有点害羞的笑。这个笑，不同于之前捣乱课堂时得意的笑，也不同于欺负低年级学生时那种放肆的笑。

是的，他需要的是大家热切关注的眼神和真诚赞美的语言。

这一次赞美让他改变了不少。下个星期，我再次开展了这个活动，这时，大家的发言变得踊跃了，两个、三个、四个，进步的优点越说越多，他的脸上扬起了那份被肯定的欣喜的笑容。

这一刻，我明白，我只是把所有正确的道理全部硬塞给他是不够的，还应该点燃他作为一名好学生的热情。

有一天，他跑来和我说："老师，下次我想当班长。"我笑了，看到一个孩子的成长改变是一件多么快乐的事啊！

各科老师看到了他的转变，都给予他一定的鼓励和奖赏，他也在老师的肯定和鼓励下一步步获得了良好的心理感受，这让我感到很欣慰。可是，他的学习基础太差，课堂上听不懂，还喜欢玩耍，我想，不着急，教育是一种慢的艺术，我们无法瞬间改变一个人，但是我们可以让他慢慢变好。

作为一名教育者，我愿意，继续点燃他心中那份隐藏的、想当好学生的热情，一路引领着他朝着更好的方向前进。

深圳市龙岗区华中师范大学附属龙园学校　辛　颖

点评：

任何一个孩子的心灵深处都有做好孩子的愿望，作为教师，就是应该找到合适的途径让每一个孩子的愿望都得以实现。教育是心心相印的活动，唯有从心里发出来的，才能打动心灵的深处。

蹲下来看孩子

转眼，担任班主任工作已经有10年了，与孩子们之间的故事太多，说是酸甜苦辣俱全也不为过。

还记得刚毕业那会儿，我担任小学二年级的班主任。那时的我还只是个20岁出头的小姑娘。有些老前辈怕我镇不住学生，提醒我对学生一定要严厉，才能镇得住"猴儿们"。上课时，我走进班级，面对着那一双双稚气的双眸，我强装镇定。为了能"压"住他们，让他们听我的话，我总是故意板着脸。遇到学生出状况时，我就拿出老师高高在上的模样，严厉地教训他们。在我的"高压"政策下，孩子们果然十分听话。

有一天，在语文课上，我发现全班同学都坐得笔直，只有第一组靠窗坐的小玲驼着背，弯着腰，头都快趴到桌子上了。"一二三！"我拍了拍讲桌，大声地喊了一遍口号。"坐端正！"全班同学马上喊着口号，把腰挺得更直了。我满意地笑了笑，继续讲课。可是过了一会儿，我发现小玲又把腰弯下去了。我有点儿生气了，直接点名批评了她，叫她坐好。"老师，我……我眼睛不舒服。"小玲怯生生地说。"眼睛不舒服下课去校医室，上课要坐端正了！"我不由分说地教训她。

第二天上课时，我发现小玲又弯腰驼背了，这下我更恼火了，大声呵斥她："坐没坐相，你给我站着听课！"小玲委屈地站了起来，眼泪在眼眶里直打转。看她可怜的样子我有点儿心软了，但是又觉得必须树立教师的权威，"杀一儆百"，还是让她站了起来。

课后，我跟科任老师聊起小玲的事，数学老师和英语老师都说小玲上课很乖，坐得很端正呀！这就奇怪了，照理说，学生上班主任的课应该更听话才对啊，为什么小玲却反过来了呢？

第三天上课做练习的时候，我特意巡视到小玲的座位旁，想看看她到底有没有认真听课，题目做得对不对。在我弯下腰的那一刻，突然感觉到一阵刺眼的强光扫过眼帘，我蹲下来，才发现窗外不远处的大楼刚做了玻璃幕墙，上午耀眼的太阳光从玻璃幕墙上反射过来，正好照射到小玲坐的位置上。啊！原来是这么回事啊！因为，语文课一般都在上午的第一、第二节，所以小玲才会在语文课上弯着腰，这是为了不让强光射到眼睛啊！难怪她说她的眼睛不舒服。我顿时觉得非常内疚、非常自责。我摸着小玲的头，轻轻地问她："小玲，你上课弯着腰、低着头，是因为对面的玻璃窗的光照得你眼睛不舒服是吗？"小玲点了点头。"对不起，老师错怪你了，以后上午上课时，老师帮你把窗帘拉上，好吗？""好！谢谢老师！"小玲开心地笑了。

事后我回想我以前的教育方法，虽然保证了班级的纪律、震慑了学生，但是实际上却给学生造成了一定的心理伤害。这样的教育，多了一些强迫，少了一些理解；多了一些距离，少了一些沟通；多了一些权威，少了一些尊重。是啊，要成为孩子心目中的好老师，我们只有蹲下身子，变得跟孩子一样高时，才能发现孩子眼中的世界，发现孩子的内心世界。

深圳市龙岗区平安里学校　饶思思

点评：

班主任是在广阔的心灵世界中播种耕耘的职业，这一职业是神圣的。作为班主任，我们要时刻提醒自己，蹲下来与学生交流，学会从孩子的视角看问题，以孩子的思维去想问题。只有真正了解孩子，才能知道他们需要什么。

放低要求，给他属于自己的天空

作为教师，应该"以人为本"，尊重每一位学生。教育是心灵的艺术，教育的对象是活生生的人，那么教育的过程不仅是一种技巧的施展，而且是充满人情味的心灵交融。对于一些特殊的学生，我蹲下身来，支持他，和他一起努力、一起进步。

一、案例呈现

开学之初，新接了一个四年级的班级，在还没见到学生之前，我先调出了上个学期这个班的期末考试成绩，事先了解班级的整体情况，好让自己对这个班的教学心里有数。当我的目光慢慢扫视的时候，我看见了小业1分的成绩。我连忙揉了下眼睛，以为自己看错了，再仔细一看，确实是语文1分，再看数学——7分，再看英语——12分。我有点崩溃了，赶忙联系他之前的班主任，了解这个学生的情况。听之前的班主任述说：他的现有智商等于两三岁的孩子，但情商不低，那我该如何教这个孩子？

作为班主任，我们似乎总也逃脱不了这样的过程，每年接的班级里总有几个学生让班主任黔驴技穷。好言好语劝学习，严厉批评呵斥过，最后败下阵来的总是沮丧不已的班主任。而这个小业，是否也会让我败下阵来呢？我不得而知，但我知道，任重而道远。

当我调出了他一至三年级的所有成绩仔细查看后，我的心可以说是拔凉拔凉的，看不到希望的感觉油然而生。现在已经是四年级了，对于零基础的他，我该怎么教？

开学的忙碌，让我暂时无暇顾及小业的学习成绩，但很快他就给我留下了深刻的印象。如果不谈成绩，我看到的他则是一个很不错的男孩，品性好，对人有礼貌，对人友善，爱帮助人，平时会帮助班级的特殊孩子把衣服穿好，陪他玩耍，也没做过损害班级荣誉的任何事情，国际象棋下得也不错，还是国际象棋社团的棋王。但另一面的他，没有学习的能力。上课，他不讲话，但是自我娱乐，一节课，他不是自己画画，就是在想象的场景里游戏，又或者是在目不转睛、一动不动地盯着你看；下课，他生龙活虎，在地上翻滚；至于作业，他完全无法完成，即使是勉强抄写的，所有的字也是圈成的。

小业并没有意识到他的成绩在班级的位置是怎样的，甚至有时候他还能发表一些对于自己的看法，虽然，那些看法是差之十万八千里的，但于他而言，只要上课有机会举手，并且被叫起来，就很厉害了，课后他还会过来和我说句话，自我表扬一番。而我，自然也是顺应着小业的自我表扬，把他再狠狠夸奖一番，希望我的夸奖能够触动他对学习的渴望，让他意识到作为学生除下国际象棋外，还要学习。

鉴于小业的成绩，我约谈了家长，以更全面地了解了他的情况。面对小业的情况，家长说，孩子是早产儿，到四年级家长才意识到快乐虽然很重要，但是学习确实是最重要的。耽误了3年的时间，家长对于孩子的学习也是无从下手，一度想要放弃。根据小业的学习能力和理解能力，以及他现在几乎为零的知识储备，我指导他的家长在家辅导他识字，首先解决识字的关卡，然后再过阅读和作文的关卡。

半个学期过去了，家长发来信息：老师，我没办法坚持了，每天晚上辅导识字，孩子和他爸爸天天打架、天天吵架，家里鸡飞狗跳，孩子都跪下来求我，让我不要逼他读书，他只想下国际象棋。看着这条信息，我陷入了沉思。小业真的不适合学习吗？

习惯性地，我又翻开了《正面管教》这本书，漫无目的地一页一页地翻看着——"着眼于优点而不是缺点""放弃控制，邀请孩子合作"看到这些话我眼前一亮，赶紧仔细阅读，然后打电话给小业的妈妈……

原来的小业，每节课下课必定被我叫到办公室，我拿出识字卡片，让我的"拯救地球银河队"的队员帮助他认识一到两个字。现在的小业，看，他不仅会看国际象棋的对阵书，还会看绘本了，对于一二年级的知识，已经基本学完了，虽然他会写的字还很少，但是他已经能认字了，而小业妈妈也给我发来信息，告诉我，现在晚上辅导小业认字已经能够让双方感觉到愉快和互动了。我想，他会一直进步的。

对于小业，我只希望对他有更多的一种信任、一种坚持、一种鼓励，让他创造属于自己的辉煌。例如，他的国际象棋。而对于他的学习成绩，作为语文老师和班主任，我千万不能拿他的成绩来伤害他、鄙视他。因为，人，总是会长大的，也许现在他对学习实在是无法理解和接受，但是他或许就在某一天突然长大了。如果努力了，仍然改变不了小业的成绩，那么，不要嫌弃他，保护他的自尊心，慢慢地教，静静地等待花开的时候。

小业，他促使我重新思考教育的意义和教育的本质，我应该回归到教育的本质——全面、完整地看待一个孩子，然后尽自己最大的努力去教好他。

二、反思

在对于小业的教育实践中，我深深体会到，对于像他这样的孩子，仅靠严格督促是不行的，我们不妨手持等待的灯盏，用我们的耐心之灯光为其引路，让他在前进的道路上不至于落后太多。给他一份鼓励，为他的每一次进步喝彩，期待他下次可以做得更好；给他一些支持，让他在对学习绝望的时候，能够看到一些希望，能够鼓足勇气继续向前，在一次又一次跌倒后再次站起来。教育原本就是一种慢的艺术，需要有水滴石穿的耐性，需要留足等待的空间和时间，需要有舒缓的节奏。所谓"润物细无声"，教育的变化需要生命的沉潜，需要"深耕细作式的关注与规范"。慢，需要平静和平和，需要细致和细腻，更需要耐心和耐性。

深圳市龙岗区坂田小学　张丽玲

点评：

对待每一个特殊的孩子，既需要遵循因人施教的原则，进行反复、耐心的教育，也需要家庭的密切配合，这样才能获得良好的教育效果。善于发现和捕捉他们的闪光点，让爱的雨露滋润他们，那么，他们一样可以成为教师津津乐道的佼佼者。

给你一颗糖

对孩子来说，很多时候并不是惩罚才让人印象深刻，也不是罚得越狠，小孩才越听你的话。有一天上课，我发现小菲在咂巴嘴，默默看了几眼之后发现她在吃口香糖，小菲察觉到我的目光后红着脸把口香糖偷偷吐掉了。

下课后，我把小菲带到办公室，给了她一颗糖，对她说："如果你真的馋得不行，可以来王老师这里吃一颗糖，但是不能上课吃，上课时我们需要控制自己，培养自己的自制力。只有专注了，才能好好听课、认真学习呀。"

从此小菲再也没有在上课时吃过糖，当然也没有来我这儿拿过糖果。期末的时候，小菲给了我一张卡片，上面画了几颗糖果、几颗爱心，写着：王老师，当时我怀着忐忑的心情和您一起走进办公室，没想到您给了我一颗糖，叮嘱了一些话，我永远也忘不了这个教训。

深圳市龙岗区实验学校　王佩婷

点评：

作为教师，我们要常常反思自己对于学生事情的处理是否妥帖，是否真的能给学生带来纠正和成长。我们需要的是直击孩子内心的教育，而不是简单、粗暴的批评。

给情感释放的窗口

光阴似箭、日月如梭，转眼离开师范院校已经十几年了，这中间，学生来了又走，走了又来。学生给了我很多，我笑过，生气过，感动过。他们在成长，我也在逐渐成熟……

"小涛要转学了"，自从小涛妈妈来到学校在教室门口悄悄对我说了这句话后，这个消息就在班级里不胫而走。其实，作为班主任，当小涛妈妈告诉我的那一刻，我心里就开始莫名地失落。是的，他并不是一个我们常规要求下的好学生，作业拖拉，爱做小动作，爱说话，就在上周还因为擅自不去上广播操被我批评。可是不知道为什么，我在回想他所有的"破坏事件"的时候，总是抹不去他那双清澈、纯真的眼睛。

因为他，班级曾经不止一次地被扣分，不少学生经常来向我打他的小报告，小组长不止一次地要求让他换组，他的同桌同学也因为帮扶他力不从心而向我大吐苦水。可就在这个消息疯传的几天，关于数落他的种种话语突然从我耳边消失了，小涛也像变了个人一样，他不再是班里需要照顾的孩子，而是主动为这个大家庭做义务劳动，作业也尽力做得又快又及时。他变了，大家都看到了，但是一切都是默默的，没有人提，我知道大家都看在眼里。

到周五了，他真的要离开了！思品课，我预留了15分钟，我要让学生们有足够的时间来享受友情，感受集体的温馨。在课前，我找到小涛，和他进行了一次推心置腹的聊天。我问他："待会儿上台和同学们说点话，告别一下，好吗？"他腼腆地点点了头，但是又表现出很为难的样子。是的，讲台，对于他来说还是很神圣的。结束完新课，我对学生说："应该有很多同学都知道小涛明天即将回老家读书，大家的心情我都能够理解，因为我和你们一样。大家近期对小涛的态度，以及小涛本人近段时间的表现，都让我特别感动，我知道大家内心的热情与不舍。那是因为我们动了我们最善良、最美好的东西——爱，友爱。现在离下课还有15分钟，请大家以小组为单位为小涛制作或者准备一份小礼物吧，之前有准备的也可以一并送来，当然全凭自愿，不强求。"话音未落，学生们已经开始纷纷行动起来了，有几个小女生也拿出了自己早就准备好的小手工，在这一刻，她们大声地和小组其他同学得意地讲着自己的小礼物，也许她们此刻在因为这份纯真的感情而骄傲吧。教室里有折纸的声音，有画笔的嚓嚓声，有为给小涛留言斟酌词句的争论声……

"1、2、3"当我在10分钟后挥手示停的时候，我请小涛走到讲台前，我问他："你有什么话想对大家说吗？"他腼腆地低下头说："没想好。"我于是拿起自己早就准备好的一本本子，给全班同学看，说道："同学们，这是我代表全班送给小涛同学的一点小心意，我在本子的扉页写的是，'小涛，我们的好伙伴，五（4）班永远和你在一起。好好学习，天天向上'。"这时教室里的学生又开始小沸腾了，小涛也抬起头，愕然地看着我双手捧到他眼前的本子，小脸涨得通红。不知道什么时候，我的后面已经排起了一个小长队，大家纷纷为自己或代表小组向小涛送上他们亲手制作的小礼物或温馨的祝福。班级电脑管理员悄悄打开了我们班级最喜欢的音乐《知道不知道》，在纯美的音乐中，大家享受着纯粹的内心震动，不知道什么时候，我的眼泪就这么不自觉地溢出眼眶，教室里也是一片唏嘘。送礼物的同学逐一回到座位，小涛仍留在原地，他哭红了双眼，此刻却很镇定地手握话筒，大声对全教室的同学们说："我爱你们，我会想你们。"教室里一片掌声。此时下课铃声也随之响起，我悄然离开教室。此刻，留给他们，让他们体会友谊，让他们感受分离，在安慰中成长，体会表达情感所带来的酣畅淋漓。

回想这一年多以来，班级的孩子从刚开始的各自为政，到学会互相尊重、彼此分享，在这个精力旺盛而又缺乏自制力的年龄是多么不易，可是他们做到了，因为他们看到了，他们感受到了，因为爱，我们这个大家庭才会更温馨。

教育无小节，作为班主任，我们其实时时处处都可以找到教育的契机，让孩子在一种润物细无声的沃土中自由成长，班级时刻孕育着适合他们成长的土壤。记得有本书上说："每个孩子都是天使。"我们要让天使找回自己的样子，就需要让爱在孩子们的小小心灵不停地回响。

给孩子一些空间，让情感打开一扇窗！我愿意与他们一起成长！

深圳市龙岗区盛平小学　李凤平

点评：

....

认同中长大的孩子，将会掌握目标；分享中长大的孩子，将会慷慨大方；友善中长大的孩子，将会对世界多一分关怀。李老师借助学生转学这件事，在班级学生之间播撒爱的种子，施行一种无痕教育，让孩子的情感得到有效释放，形成了良好的心理相容的师生关系。

给学生留下思考的余地

次改课堂听写本时，我发现一句平时成绩一般的学生竟然得了满分，结合这位学生的平时表现我进行了分析，初步断定是这个学生听写时偷看了同桌的，因为她的同桌是学习委员。为了查清原因，我把她叫到了办公室。

我首先表扬她这次听写得满分，值得庆祝，边说边观察她的表情，她看不出有丝毫开心的成分，反而低着头，看来我猜得八九不离十了，但我不动声色，继续问她："你有什么想跟老师说的吗？"询问她是否有生活烦恼影响学习，她回答："没有。"在排除了这些能影响她学习的客观因素之后，我直截了当地问："今天的课堂听写，是你自己写的吗？"她犹豫了一下，怯生生地答道："是……"随后，她面红耳赤，头更低了。她的窘态证实了我的想法。于是我拿出一张白纸，想从中抽取部分词语让她重新听写一遍，然后严肃地批评她一顿。

但是，就在这一瞬间，我迟疑了。看着她那羞愧的目光，我脑海里闪过许多念头：我是要当面指责她在说谎，以显示我当教师的高明吗？我是要置她于难堪的境地，然后狠狠教训她一顿，以显示我当教师的威严吗？不，我不能这么做！我又缓缓地把纸放回原处，心平气和地对她说："老师相信你，好了，没别的事了，你回去吧。期望你以后更加努力学习，每天复习词语，争取得满分。"

有些事情常常会超出我们的意料。第二天早晨，我刚一到学校，这个学生就从教室那边向我走来，精神显得有些兴奋。到了跟前，她从书包里拿出作业本，双手奉上。我打开作业本一看，昨晚布置的听写18课的词语整整齐齐地写在本子上，容易错的"鼎"字还用红笔圈出来了，还在下面重新订正了五个。我立刻夸张地表扬了她："你太棒了，待会儿听写一定能顺利过关。"她听了高兴地点点头。随后，她郑重地对我说道："老师，昨天是我错了，因为妈妈有事不在家，没人帮我听写，我课堂上写不出来就偷看了同桌的，对不起，我以后不会这样做了。"我摸摸她的头，俯下身微笑着对她说："嗯，老师相信你，我们一起加油！"她笑了，笑得是那么甜蜜。

回到办公室，我的成功感油然而生。我想，如果我让这个学生当面重新听写，她是断然写不出来的，那势必会"将"了她一"军"，使她陷于难堪之中，那将大大刺伤她的自尊心，在师生之间构成对立。其实，那个学生没有立刻承认抄了别人的作业，是自尊心强所致罢了。不当面拆穿她，让她回去反省，给她留下思考的余地和自我改过的机会，那如燕子般快乐的身影才能重新回归。

深圳市龙岗区平安里学校　刘小兰

点评：

教师要尊重和爱护学生的自尊心，要相信他们对自我意识、自我改过有更深的理解。对那些学生经过思考后就能够得出正确结论的问题，不必喋喋不休地讲个不停，更不应该用过激的言辞对有缺点的学生动辄斥责、教训，要给学生留有余地，使他们有时间去决定自己言行的正误和体会老师的"言外之意"，从而自觉提高自己的认识水平和思想觉悟，这才应是我们进行教育的出发点和归宿。

恭喜发财，红包拿来

今年的寒假结束得早，还没过完春节。新学期开学，见到孩子们的第一面，我就来了个新年的问候："同学们，新年快乐！恭喜发财！"

"老师，恭喜发财！"孩子们大声地回应道。没想到的是，他们还不约而同地伸出双手，并说出下一句："红包拿来！"

我听了笑得直摇头，说："哈哈！真是群小鬼，幸好老师早有准备！"说完，我便从大衣的口袋里拿出一大沓印着可爱狗狗的大红包。孩子们看了兴奋得直拍手叫好，教室里炸开了锅。"同学们，待会老师亲手把红包发到每个同学的手上，但同学们不能私自拆开，等每个同学都拿到了，我们再一起打开红包，好吗？""好！"孩子们大声答应道。于是我把红包一一发到每个孩子的手上，并送上祝福语："身体棒棒！学业棒棒！"孩子们双手接过红包，迫不及待想要打开却因为我们先前的约定而不能打开的模样别提有多可爱了。

"好了，我数三声，大家一起打开红包吧！一！二！三！"

"哇！我拿到的是糖果红包耶！"

"我的是免写作业红包耶！你的是什么？"

"我的是……"

哈哈，其实我给孩子们准备的这个红包里面装着的并不是钱，而是一张彩色的小纸片。

红色小纸片上写着：幸运的人儿，恭喜你获得糖果一份，愿你在新的一年里像"糖果"一样开心甜蜜！

黄色小纸片上写着：幸运的人儿，恭喜你获得饼干一份，愿你在新的一年里像"饼干"一样心香（想）事成！

蓝色小纸片上写着：幸运的人儿，恭喜你获得一次免写作业的机会，愿你在新的一年里更能体会"学习"带给你的成功快乐！

橙色小纸片上写着：幸运的人儿，恭喜你获得一次免除值日的机会，愿你在新的一年里更能感受到"劳动"带给你的满足充实！

紫色小纸片上写着：幸运的人儿，恭喜你获得一次担任班干部一天的机会，愿你在新的一年里更能明白"付出"的幸福喜悦！

每个孩子的红包里装的惊喜都不一样，但收获的快乐却都一样。看着孩子们的笑脸，我的心也甜甜的。

　　　　　　　　　　　　深圳市龙岗区平湖街道白坭坑小学　卢婷婷

点评：

如今过年的仪式越来越精简了，到最后连对过年的期许都精简掉了，我们才渐渐觉得丢了些什么。但其实，仪式感不需要繁文缛节、大费周章，也许只是那一点小心思、小用心，如同咖啡里的一点糖，就能给孩子一个更有色彩的新年。卢老师的这个红包，既是孩子们的快乐源泉，也是孩子们的成长锦囊。

成长是鼓励出来的

周恩来说过："任何新生事物在开始时都不过是一株幼苗，一切新生事物之宝贵，就由于在这新生的幼苗中，有无穷的活力在成长。"

成长的过程充满未知、充满机遇、充满挑战，用"鼓励"的蜜汁，浇灌出每一株成长的果实，让每一次未知都变成仰望星空，脚踏实地。

孩子，你慢慢来

开学一个星期过去了，刚上一年级的小米还是如一只惊弓之鸟，上课保持着警戒，偶尔目光与老师对视，也会迅速低下头，然后用手不停地摩挲着书皮；课间时他则缩在自己的座位上，不与任何人交流，学习一问三不知。我当即联系了小米的家长，她的妈妈告诉我，孩子本来挺活泼的，在上幼儿园以后，不知怎么就自我封闭起来了，学习挺费力，记性特别差。我想，既然她来到了我们身边，我就该努力帮助她，绽放她的芬芳，我没有理由忽视眼前的事实。于是，我仔细观察了小米一段时间，其实在课间的时候，她一直在听同学们说话，目光飘忽地追随同学的身影，有时脸上还露出不易察觉的笑意，看来她是渴望友情的，是盼望融入团队的。于是，我组织了几次小团队活动，把她拉进了同学们的队伍中。在团队活动中，小米还是畏畏缩缩的，或许是跟不上大家的速度吧，于是，我又把她调到了实力相当的队友中，慢慢地，她的笑容多了起来。课间，她主动去找朋友玩了。放松了警惕的她，学习上也有了起色，但她对老师还是相当敏感，我一走到她身边，她的表情就变得僵硬起来，或许她还没把老师当成可信的人吧，不着急，我一方面与家长约定，要求家长多花点时间陪伴孩子，跟孩子一起玩游戏；一方面派了学习委员去帮助她，上课的时候，知道她会的，我就点名叫她，同时投给她赞许的目光……就这样，小米像一朵花儿一样，慢慢地吐露了她的芬芳，我也从中获益很多。孩子，你慢慢来！

龙城街道盛平小学　石燕香

点评：

　　李镇西老师说，每一个教师都要认真地问自己，你教书是为了学校还是为了学生。无疑，我们是为孩子的健康发展服务的。在一个班里，孩子各方面的表现也各不相同，或者说每个孩子的成长轨迹都是不一样的。既然花期不同，我们就要学会等待、学会欣赏。就像龙应台所说：孩子，你慢慢来。花儿总会开放，美丽终会到来。

孩子，我愿意等你

开学报到注册那天，我班转来一位插班生，是一个长得清秀白净的小男孩，他看起来很乖、很绅士，我心生喜悦，想着这个孩子一定很省心。

开学第一天，我就"长见识"了。孩子们陆续跑过来并发出各种尖叫声，我感到大事不妙。一进教室，我发现半个窗帘架子已经掉下来，所幸没有人受伤。好戏还在后头，在接下来的两个星期里，这个孩子开始放飞自己的情绪和行为，他心情不好就跪着上课，趴着看书，躺在地上哭闹。严厉的教育对他无效，他就是不改。我该怎么办？

就这样，我的下马威终以失败告终。我必须冷静下来，因为我太着急了，是我一直被孩子的各种失控情绪和行为所牵制着。是我忘了，这个孩子还曾经主动帮女同学搬过椅子——他是热心的；他在课上也会积极地回答问题，而且回答得很好——他是好学的；他下课后还会很亲切地拉着我，有很多话想跟我说——他是喜欢老师的。我迫切地希望他能快点改正，快点乖起来，可我忘了他还只是一个二年级的孩子，我需要给孩子时间，我需要耐心地等待孩子成长，每一次问题的发生都是我和他之间不断磨合的契机。

从那天起，我放宽了心，不再纠结他的每个错误，不去强调他必须跟其他同学一样。当他不好好读书时，我就请他到我身边来，读给我听，并告诉他："从明天开始你来带读，好吗？"他质疑地看着我愣了一下，然后高兴地点头答应我。

好景不长，形体课上他因为接受不了老师的批评，就跑出教室去操场溜达；因为体育课上小组合作赛输了不高兴，满操场的乱跑；因为做操时故意不跟上班级队伍，一个人蹲在草地上哭……我不急不躁，因为我深知教育急不来。我安抚着他的情绪，拉着他的小手在操场散步、聊天。后来，他不哭闹了，还缠着我讲笑话，开心地邀请我去他家做客。我灵机一动，对他说："等你慢慢进步了，在班上交到更多的朋友，到时张老师和大家一起去你家玩儿，一定很热闹、很开心哦！好吗？"从他激动的小眼神里，我看到了希望，这就是教育的美好吧。

老师每一句赏识的言语都会在孩子心中燃起希望，每一次耐心的引导都会让孩子燃起幸福感，每一次真诚的加油和期盼，都会让孩子燃起斗志。其实这一切源于愿意等待，等待孩子犯错，等待孩子改正，等待孩子进步，等待孩子蜕变。如果我们多对孩子说一句"孩子，我愿意等你"，就会让孩子感受到自己是被期待、被理解、被包容的。

深圳市龙岗区华中师范大学附属龙园学校　张依婷

点评：

教育应是一扇门，推开它，满是阳光和鲜花，它能给孩子带来自信、快乐。教师要用更好的眼光去看待孩子、关爱孩子、引导孩子，发现每一个孩子身上的闪光点，最重要的是给予孩子时间去等待，让孩子感受到不被放弃和被重视的感觉，用关爱和行动耐心等待花开之际。

孩子，我该怎样待你

我们每个人的意识里都会有这样的信念——"做错事就应该受到批评和惩罚""没有规矩不成方圆"，所以在开学伊始，班主任都会和学生一起制定班规班约，以此来保证正常的教学秩序，培养学生良好的习惯。但今年遇到的这个学生却让我颠覆了二十多年带班的观点。

小明同学聪明、好动、鬼点子特别多，时不时还会发出怪声。班规班约对于他来说根本没用。有一次，他在课堂上玩电话手表，我就把他的电话手表先没收了。他就一直在小声嚷着："老师真坏，老师就是坏。"我假装没听到，继续上课。下课后，我把他叫到办公室，通过沟通，他同意不再戴手表来学校。同时，我也和他妈妈进行了交流，但是，他只坚持了一天，就又把手表戴上了。用家长的话说：他自己要戴，我们也没有办法。

还有一次，下课时他要脱同学的裤子，同学不愿意，和他打了起来，被他抓伤了脸。我找他谈话时，他死活不认错。无奈我就把受伤学生的照片发给家长，想让家长做一下他的工作，这一次家长干脆连信息也不回了。

小明不光坏习惯多，脾气也暴躁，且有自残倾向，当违反纪律遭到惩罚的时候，他经常用铅笔扎自己的胳膊。看到这种情况，我很担心，针对这样的"钉子户"，我考虑再三后认为首先必须保障孩子的安全，其次，班级纪律也不能因为某一个学生的抵触而打折扣。因此，每当他违反纪律的时候，我首先避免在班级内与他发生正面冲突，下课后，单独对他进行批评教育，让他明白后，再根据班级纪律执行相应的惩罚。

面对家长的不配合、孩子的调皮要赖，我只有自己想办法解决。通过查找资料及与其他班主任交流，我不断调整自己的心态。每次面对他的问题时，我总是提醒自己：先处理心情，再处理事情，每次都先冷处理。经过一段时间后，我发现他有所收敛，试着对他进行赏识教育，有意把他的优点放大一点，让他找到自信，体会到受表扬的快乐。

渐渐地，我的心态变了，他的行为也变了。通过与这个学生的接触，我更相信这样一句话："教育无他，用心而已。"

深圳市龙岗区龙城街道盛平小学　李东林

点评：

"凡事变则通，不变则度。"对于孩子的教育也一样，我们要有足够的耐心来面对一个个所谓的"问题孩子"，方法总比问题多。

红包一开，好运自然来

我一直相信，教育是一朵云，而影响一朵云的，不是简单的说教或几次敲打。因此，我尽量从孩子的角度来看世界，接纳孩子的内心体验，成为孩子的知心朋友、领路人，陪伴他们一路健康成长。

2019年2月，是学生又一次报到的日子，刚好是农历十四。没有过农历新年，在深圳地区的风俗里，长辈是要给晚辈红包的。孩子们还沉醉在新年中，话里话外都离不开新年趣事。如果与他们大谈特谈如何收心、抓紧学习等，肯定是左耳进右耳出，一点效果都没有。究竟用什么方法才能让孩子们把注意力转移到学习上来？

在我苦思冥想时，未婚同事给我拜年讨红包来了。对了！孩子们现在最感兴趣的莫过于红包，干脆给每人发一元红包得了，"一元"更新，万物复苏，好彩头！相信孩子们都会喜欢得不得了的。

可是，时间不容许，也没有这么多零散的一元钞票。更可怕的是，不知哪位同事还来了一句："现在明令禁止发红包。"顿时，我就像漏了气的皮球。

"可以送祝福语代替红包吗？"简单的祝福语，这样苍白无力，一点儿都不提神，更何况是孩子了。"如果把祝福语放进红包，是不是一个好点子？"我正苦恼时，一个同事雪中送炭，蹦出个好点子。

我买来六十多个红包，用一个中午写下对他们的祝福，而且在赠言纸条后面花了一点小心思，写上"中奖"二字。所有的红包被拼成一个心形图案，粘贴在黑板中央，图案上面点上一句话："红包一开，好运自然来。"

孩子们回到教室，往黑板一望，不约而同地尖叫起来，都不敢相信这是真的。"真的给我们发红包吗？""骗人的吧？"孩子们七嘴八舌地议论起来。

我对孩子们做了一个手势，让他们安静下来，清了清嗓子说道："今天，老师为大家发红包而来。"我话音刚落，孩子们欢呼一片。

"可惜，红包里面没有钱！"孩子们一愣，"哦"了一声，热情瞬间降到冰点。

"但是，有老师的祝福语，可以抽奖，只要完成一个小任务就行，譬如帮助父母做一件力所能及的家务活。"孩子们又兴奋起来。

话音刚落，孩子们便排成一条直线，一个个上台摘下他们的红包。他们兴趣盎然地享受抽红包的快乐，我更加乐翻天地给他们拍视频或相片，叮嘱他们，践行红包里的小要求，有重奖。

放学后，我把这次别开生面的活动，制作成一篇美篇分享在家长微信群中，家长们纷纷点赞，感叹这次活动的效果神奇。有的家长说，往常孩子回家从不愿意干家务活，现在竟然积极帮忙，乐此不疲；有的家长说，孩子回来马上制订学习计划，不用自己操心了；等等。

而孩子们更是兴奋不已，洋洋洒洒地写下一篇篇感人周记，他们普遍形成了一种共鸣——原来父母非常爱我，我要努力学习，回报父母。

相信这些，就是深藏在红包里的大宝藏。

深圳市龙岗区宝龙街道育贤小学　黄德兴

点评：

红包是一种风俗，是一种传承，有时候，我们常常把金钱作为评判人与人之间关系或亲疏的标准，而逐渐忘记了红包的意义——长辈对晚辈的希望。愿这种特殊的"红包"能唤起孩子的亲情，让孩子感恩父母，做一个合格的社会主义接班人。

花开花落

    ❝老师，我已经有进步了，您看，已经87分了，我为什么拿不到奖状？"小东一脸委屈地对我说。

    小东是进步了，可是比他进步更大的学生也不少，期末奖状就只有这几份，怎么跟他解释？直说他进步不够大，也实在有些令孩子伤心。给吧，其他学生又如何安抚？想到这里，只能来一个缓兵之计，我对小东微笑着说："让老师想一想好吗？"小东点了点头高兴地走了。

    学生进步了，是应该鼓励的，可是期末的评奖是有名额限制的，如果每个学生都获得一份奖状，是否会过滥，从而影响孩子学习的积极性？例如，他会想，不管我学习怎么样，到了期末，老师也会给我一份奖状，那么平时还这么认真学习干吗？而这对于那些平时学习认真的学生更是一种打击，我这么努力学习，到期末，也和不认真的学生一样，只得一份奖状，公平吗？

    所以奖状的有限，就是为了激励学生努力学习，是对学生的一种肯定。如果过滥，奖状就会失去它的价值。但孩子的心不能伤啊！冥思苦想后，我想到了一个方法。

    简单准备后，我来到了教室，这时，学生们都好奇地瞅着我，他们肯定在想，老师还有什么事？难道还有什么重要的事没有讲？我清了清嗓子，慢条斯理地说道："我知道，有一些学生平时学习很努力，成绩也进步了，可是由于奖状有限，结果没有得到奖状，我想……"话音刚到这里，学生们目不转睛地盯着我，小东更加期待，脖子伸得长长的，就像可爱的长颈鹿。

    "想听你们的意见！"这时，教室像炸开了锅一样，议论纷纷。我马上拍一下掌，示意学生们安静下来。"谁先说？"小明第一个发言："我发现小天平时学习也很认真，只不过这次没有考好而已，他……"学生们一个个述说着他们的发现，多少感人的事，在教室里流淌，滋润着孩子的心灵。学生们说完后，教室里静悄悄的，他们都在回想着一丝丝的感动。

最后，我打破沉默对学生们说："让我们以最热烈掌声，送给这些努力的同学。"说完后，拿出事先准备的小贺卡，给那些努力又没有得到奖状的学生，学生们看着满是鼓励的语句都露出了灿烂的笑容，我也乐了。

花开了，就应该给花落的机会，这样才能结出甜果来，花如此，孩子何尝不是这样？

深圳市龙岗区育贤小学　黄德兴

点评：

赏析孩子，肯定孩子的进步，这是一种正面教育，要知道每个孩子都希望自己做得好。对于孩子的点滴进步，我们要及时给予鼓励，保护孩子脆弱的向上之心，相信多给孩子一点阳光，孩子就会有多一点可能灿烂起来。

换位"风波"

<big>**班**</big>主任工作既要讲究艺术性又要遵循科学性，是教育机智与教育原理的高度统一，是创设与生成的完美结合。其实，在面对既要抓教学，又要花大量的时间和精力在班级的日常细小事务时，如果我们能换一种思维，换一个角度来看问题，问题说不定就能化难为易，迎刃而解。正所谓"山重水复疑无路，柳暗花明又一村"。

按照惯例，开学初，班主任要安排学生座位。我按照正常的规律，按学生的个子高矮，把学生分成4个组。结果，位置安排好了，第二天就有一名家长跑到学校来找我，说他的女儿眼睛不好，坐在后面看不见黑板。可他的女儿虽然只有11岁，但身高足有150厘米，怎么办呢？

家长反映的是实情，我有责任和义务为学生解决实际困难。但怎么解决呢？虽然不是让谁坐在后面就意味着谁成绩不会好，就意味着没前途，但无论如何随意把谁调到后面都可能造成"帮了一个学生，而伤害了另一个学生"，说不定还会引来不必要的麻烦。思来想去，我决定改变以往我"点将"调位置的方法，改由学生帮助调位置。一上课，我便郑重其事地对学生们说："在我们身边有哪些乐于助人的人呢？你怎样评价这些人？"学生们发言、讨论后，我对他们说："同学们，在我们班上就有这样一位需要帮助的同学——余永希。因为同学个子挺高的，所以老师把她安排在最后一排。但是，今天她爸爸告诉我一个秘密——她的眼睛不好。谁能伸出援助之手，帮她一下呢？"话音刚落，教室内就有了十几名学生举起了小手。我选择了坐在中间的陈宗焕同学，让他和余永希调换一下座位。为了不影响他人，我把余永希坐的凳子换了一张矮一些的，而把陈宗焕坐的凳子换了一张高一些的，以便让每一个学生都能获得最佳视角。当然，我还特地表扬了和余永希换座位的陈宗焕同学，号召大家向他学习。

就这样，班级调位置的问题和平解决了。想调位置的学生如愿以偿，帮助别人的学生虽然坐在后面，但心情舒爽。调位置的难题就在友好与掌声的氛围中解决了。同时，在帮助学生调位置的过程中实际上也对全体学生进行了一次"帮助他人"的思想教育，这有利于解决班级今后遇到的难题，促进班级"团结、友爱、互助"风气的形成。

有的时候，换一个角度看问题，问题可能就不成问题了。同样，换一下教育的方式方法，也可能创造出新的教育机会！

深圳市龙岗区平安里学校　王佳佳

点评：

当学生调皮捣蛋时，应及时了解事情并与学生交流沟通，而不是一味地怒斥，如果教师不注意方式方法，会无意中伤害了学生的自尊和感情，师生间的人际关系必然僵化，那么教师无论有怎样的良好用心，学生也不会接受了，并从内心深处对教师产生很大的抵触感。

唤醒孩子心中的巨人

雅斯贝尔斯曾说："教育的本质，意味着一棵树摇动一棵树，一朵云推动一朵云，一个灵魂唤醒一个灵魂。"教育的本质，就是唤醒学生沉睡的潜能。因此，无论是学校、老师还是家长都肩负着这样的使命——最大限度地挖掘孩子身上的潜能，促使他们体内的"小宇宙"完全爆发。

这学期，我们班新转来一个学生叫小兵，虽然每天上课坐姿端正，但眼神却飘忽不定，看到这样的现象，我开始关注起这个学生。

第二次单元测试结束后，我发现他和班上其他学生的成绩差距较大，因此放学后我叫他留下来补习，并短信通知家长来接，但他的妈妈却比约定的时间提前了十多分钟，并且一见面就开始数落孩子多么不听话，多么不上进，话语中包含诸多抱怨。在大约两分钟后我制止了她，并以让小兵为我检查值日状况为由支开了他。

小兵离开后，小兵妈妈趴到我耳边向我透露了一个可怕的消息——孩子曾经对妈妈说，要杀了妈妈，然后再自杀。我不禁毛骨悚然。经过一番思考后，我对他的妈妈提出了要求，请以后不要当着老师、其他家长或者任何外人的面辱骂孩子。接着，又请她谈了一下孩子在家里生活和学习等方面的状况。

通过了解，我发现他们的母子关系有点疏离。所以，我建议家长给孩子补充"维生素"，包括"维生素T（Touch）"和"维生素Y（Yes）"，即多给孩子一些身体上的接触，给予孩子充足的安全感和充分的肯定，这样孩子才不会变得冷漠和不近人情。

针对小兵作业拖拉的毛病，我也给家长出了一个主意，那就是：每天放学完成作业要按照学科、项目的顺序计时。每一项作业完成后，妈妈必须要检查，并在显眼位置处标注上开始和完成作业的时间以及每天完成作业的总用时，之后再把所有作业拍照给我，而我会给予点评和指导，为他制定下一个小目标，并针对他进步的方面及时给予表扬和赞美，告诉他"你可以的，你一定行"。

经过一段时间后，小兵的进步十分显著。在第四次单元测试中，他拿到了97分，比原来提高了20多分，他和妈妈的关系也有所改善了。这正如第斯多惠所说："教学的艺术不在于传授本领，而是激励、唤醒和鼓舞。"所以，在今后的教育教学中，我会继续用期待的眼神去面对学生，用微笑去鼓励学生，不失时机地去捕捉学生身上的闪光点，不吝惜自己的赞美，让每一个学生都感受到老师的关注与期待，让学生沉睡的潜能得到最大限度的开发。

深圳市龙岗区龙城高级中学（教育）集团东兴外国语学校　赵艳红

点评：

作为教育工作者，我们要把每一个孩子都当成潜在的天才儿童来看待，给予他们积极的期待，从而唤醒孩子心中那个沉睡的小巨人，孩子定然会还给我们意想不到的惊喜。

击掌为盟

刚接手新班级不久，课堂上，我发现有个学生老爱低头看课外书，我已经提醒过他多次了，而且我也在课堂上三令五申"要专心听讲，不能看课外书，以免分心"。这一次又被我逮个正着，我火冒三丈地对着他说："田同学你又在课堂上偷看课外书，我要给你妈妈打电话说明这个情况……"谁知，我话还没说完，教室里突然传来震耳欲聋的哭声，我被这雷鸣般的哭声吓到了，一时间手足无措，思考几秒钟后，我故作淡定，问他为什么哭。他支支吾吾地答道："我看课外书不对，你不要告诉我妈妈。"我立即回复他："只要你能保证以后课堂上不看课外书，我就不给你妈妈打电话。"他点点头，我又补充道："口说无凭，我们击掌为盟。"我和他击掌3次，他脸上立刻露出灿烂的笑容。还真是孩子，喜怒尽显于脸上。

我观察了他一个星期，他的确做到了我们的约定，没有在课堂上看课外书了，课堂上很投入，每次遇到难题，他总是第一个想到解决问题的方法。课间我又找田同学聊天，肯定他的信守承诺，赞赏他的聪明。他眉飞色舞地告诉我："崔老师，其实书本上的知识好简单，我一看就会了，所以我就忍不住想看课外书。"他的话引发了我的思考，这个孩子数学天赋还不错，如果只学教材上的知识，他是"吃不饱的"，于是我灵机一动，说："你在家可以自学奥数，如果有不懂的地方可以过来问我，但是在课堂上还是要专心听讲。"他高兴地应允。

第二天，他拿着奥数书过来问我："崔老师，我昨天晚上做了十几道奥数题，越做越有劲儿，于是我就挑战一些有难度的，可是却在这一道题上卡壳了，您能给我讲讲吗？"于是，我带着他分析题目，很快他就找到问题的突破口，快速解决了。

从那以后，我们俩经常讨论奥数问题，还成了好朋友，课堂上田同学的学习积极性更高了，考试经常拿满分。

"击掌为盟"让一个孩子破涕为笑，让一个孩子遵守约定、心无旁骛地学习，畅游数海，体验到数学学习的本真之乐。

华中师范大学附属龙园学校　崔兵荣

点评：

"儿童本位教育"告诉我们要尊重儿童，与儿童平等对话，当我们走近儿童的内心世界，用儿童化语言与孩子交流时，往往会收到事半功倍的效果。崔老师和学生"击掌为盟"，看似简单的动作，实则对学生是一种呵护，学生有时很倔强，但是也有一颗脆弱的心，而作为教师的我们应该有容错心理，多给学生成长的空间，多扶植，相信学生总有一天会长成参天大树。

教育是一朵带笑的花

教育，是一朵带笑的花，是一种源自心底的微笑，源自爱的微笑。每当谈起这句话，我便想起两年前教过的一名学生。

他，很特别，上课时要么睡觉，要么拿着玩具自编自导自演，课上课下都沉浸在自己的世界里，我用尽方法，始终无法与其交流，我无奈，不知所措。

后来，我无意中了解到他从小失去了妈妈，爸爸早出晚归地赚钱养家，不要说学习了，连生活上都没人照顾他，更没人疼爱他，多么令人心疼啊。我忍不住关心起他的生活，他竟对我放下戒备，愿意和我说话，该是改变他的时候了。

苏霍姆林斯基说过：一个好的老师，是一个懂心理学和教育学的人。我对他的行为进行观察和分析，试图走近他的内心。他在班级无存在感，我便让他刷存在感，我把发作业本这样简单易行的小任务交给他，可他总是办得一塌糊涂，既不认识字又不认识同学，真让人头疼，哎，咦！换个方式，我对班里的学生们说谁能让他记住你们的名字，谁就是班里最聪明的人，大家跃跃欲试，编顺口溜、比动作、谐音，简单有趣的尝试经常让班级欢笑不断。

这些事让他初次感受到了老师和同学对他的喜爱，他参与到班级中了，我暗自开心，又给了他更高级的专属任务——给同学们听写，大家羡慕他，他脸上也出现了从未有过的自豪神情。曾经安静的他，如今活蹦乱跳，讨人喜欢。

但好景不长，他要性子的坏习惯暴露出来，我少不了批评他，他变得日渐低沉，这可愁坏了我。我想起永康老师说过："表扬，就是最好的批评。"每节课我都尽力去寻找他的闪光点，接着放肆地、大力地夸赞他，同学们也在我的指引下学会了换个角度看待他的行为，"老师，他竟然写了试卷""老师，今天值日他没逃跑"，此外，还争着抢着想要当他的小老师。他的学习积极性随着大家的夸奖而逐日提升，我没想到简单的一个夸奖行为，改变了他，也改变了整个班级的人文气氛。此刻，我感受到，我不仅是一名教书者，更是一名育人者。

有一天，有位老师打趣他："你最喜欢谁？"他看了我一眼，用稚嫩的声音害羞地说："语文老师。"那一刻，我感觉，做一名老师真幸福。他笑了，我也笑了，教育是一朵带笑的花。

深圳市龙岗区华中师范大学附属龙园学校　幸　颖

点评：

教师的微笑有一个最重要的作用，那就是唤起学生心灵的微笑。你成功地做到了，你的眼里有学生，你的心中有爱，这才能让你和孩子们同成长、共进步，你是一位幸福的育人者。

借我一条蚕

又是一个春天，附近公园里的桑树都长出了新叶，班上的学生也都养起了春蚕。又是一节普通的英语课，当我正讲得起劲的时候，忽然发现小智把头伸进了抽屉。我走近一看，发现他正在专心地端详着几条白白嫩嫩的春蚕，当我看到小智惊恐的大眼睛时，我的心为之一颤。脑海里瞬间闪过3年前那个被我发现上课玩蚕的学生，以及被我扔掉蚕后他难过又怨恨的神情。之后每次他看到我，都是低着头、耷拉着眼，耳根也是红红的。我看着他，也是欲言又止。我那简单粗暴的教育方式既伤害了他，也成了我心里的一根刺。回过神来，我抑制住自己不平静的心情，也无视了其他学生准备看好戏的眼神，继续上课，并默默地调整了我的教学节奏。而小智，也一直紧张地端坐着。

在课堂最后的十分钟时，我走到小智身边，对他说："小智，可以把你的蚕借给我看一下吗？"小智紧张又狐疑地拿出蚕，不舍地放在我的手心。我举起蚕："你们看，这只蚕多么可爱，你知道'养蚕'用英语怎么说吗？"小智摇摇头。"那么桑叶呢？桑树呢？蚕丝呢？"我把这些单词写在黑板上，继而从蚕讲到蚕丝、蚕茧、蚕蛹，还分享了我小时候养蚕的趣事，又讲到李商隐的"春蚕到死丝方尽，蜡炬成灰泪始干"。学生们聚精会神地听得津津有味。下课时我说："养蚕是一种兴趣爱好，但是如果因为养蚕而耽误学习，那好不好呢？"学生们恍然大悟，小智也不好意思地低下了头。

第二天回到办公室的时候，我看到桌面上有一个既简单又精致的盒子，下面压着一张纸条：老师，谢谢您，您没有批评我；老师，我错了，我把正在吐丝的几条蚕送给您，表示我的敬意，因为您使我真正明白了人们为什么把老师喻为春蚕。

孩子啊，老师也要谢谢你，是你激发出我的灵光一闪，是你告诉我要心平气和，是你教会我更多的为师之道。

深圳市龙岗区实验学校　王佩婷

点评：

这个故事不仅体现了教师对处理突发事件的方式转变，更体现了教师的教育智慧和教育机智。有时，我们就需要这样的灵光闪现，它带给孩子的是感动、是改变。

精彩在平凡中绽放

捷克著名教育家夸美纽斯说："太阳底下再也没有比教师这个职业更高尚的了。"在我国，人们常用"红烛""春蚕""人类灵魂的工程师"等美誉来称赞教师。教师这个职业不同于其他职业之处就在于它需要教育者数十年如一日地坚守，耐得住寂寞，耐得住烦琐。

做老师的人都深有感触，一旦身边的人出现了教育问题，都想伸出援手，无论他是不是自己的学生，不管现在是否在教他。在老师的心中，教过的学生都是自己的孩子，学生如出巢的鸟儿，即使不在这个老师的视野范围内，但当需要老师的时候，老师也会义不容辞、责无旁贷地伸出温暖的双手。

两年前的一个下班路上，一位中年女子拦住了我。在我迟疑时，她自报家门，原来是我多年前教过的一个学生——小恒的家长。简单寒暄后，她便向我一股脑儿地倾吐起苦水来。小恒小学毕业后，就去了另一所学校就读。初中生活还算顺利度过，可他一上高中，就发生了很大的变化——和同学打架，上课玩手机，晚上不按时熄灯就寝，违反纪律的事屡有发生，家长也时常被老师叫到学校去处理事情。原来父母讲道理他还能听进去，可高中后和他讲，他两句话没听完，就有十句话顶回家长，再和他多讲，他就摔门而出。如果家长动手打了他，那他更是不得了，彻夜不归，急得家长到网吧、游戏厅、肯德基店等场所到处找他。几次下来，家长真是心力交瘁。家长也尝试和他沟通，可是说不到三句话，小恒就转身回房间把门锁上，进行无声的反抗。看来，小恒的问题真是让家长感到焦头烂额了，而家长也是走投无路了，否则也不会遇到我这个小学教过他的老师就上来诉苦。可怜天下父母心啊！稍作安慰后，我们留了联系方式，我决定帮帮这个孩子，更想了解，是什么让小恒发生了如此大的变化。

说到小恒，一个脸庞白皙，圆圆的脸上总洋溢着灿烂笑容的小男孩的样子浮现在我的脑海中。小学时的他积极上进、成绩优异，还是个很能干的小班长呢。原来那个经常会帮助老师处理班级里违反纪律的现象并且是非分明的他为什么会变成现在这样呢？我要找小恒谈谈。

几经邀请，小恒同意和我见面了。

那个夏日的午后，我对面的小恒，178厘米，多年不见，略显腼腆，白皙的脸已经棱角分明了。一身蓝白运动装更显出他的青春与活力。也许孩子猜到了我与他见面的目的，所以他不多言，时不时低头不语。在小恒还没有对我放下戒备的时候，我没有直接刨根问底地追问，而是抛开这个话题，聊起了小学时代的生活和同学。我们从班里的捣蛋鬼讲到了学霸，从任课教师聊到了小学的主任、校长。从他的嘴里，我还知道了当时大人视角无法观察到的孩子的世界。谈话中他的灿烂笑容又出现在那张略有些男子汉味道的脸上。

我一直都说，每个孩子都是一个小宇宙，每个灵魂都是一个世界。当这个世界封闭起来时，千军万马都无法攻破。我希望小恒能敞开心扉，主动接纳我、迎接我。

一个下午的畅谈，在轻松中度过。当我们道别时，他竟孩子气地想拥抱我一下，我知道，多年不见的陌生感消失了。晚上我打开电脑时，看到了小恒给我的QQ留言：老师，你是不是觉得我变坏了？看来小恒并不是破罐子破摔，他在意这个曾经给过他光环的老师对他的印象。小恒应该也是想找一个宣泄口，释放他一直以来压抑在心头的东西。我便留言给他：我知道你是个懂事的孩子，你不想辜负我对你的期望，那我也不会辜负你对我的信任。你有什么想说的，就说说吧。

两天后我才收到小恒的回复。原来在高一下学期小恒喜欢上了班里的一个女生，而当小恒试着表白的时候，却被女生断然拒绝了。这对于心高气傲的他来说无疑是个打击。他于是消沉，故意在女生面前搞事情。

人们把青春期叫作花季雨季，又有哪个人在这个季节中没有愁肠百转呢？他心中如同闯进了一头乱撞的小鹿，怪不得他时而暴躁、时而折腾。我给他讲了很多青春期的故事，包括我自己的，并向他推荐小说《十六岁的花季》。同时，我也私下做好小恒家长的工作，让他们做到少过问，多关心，少批评，多理解。

就在去年暑期我接到了小恒的报喜电话，他被某大学录取了。经过努力，小恒顺利度过了青春期并考上了理想的大学。他感谢那个夏日午后的重逢，他感谢在自己彷徨的时候，有人能给予他更多的理解与帮助。

无独有偶，同事班上有一名女生，在老师面前文明有礼，是个乖乖女，而在家长面前却是一头暴躁的小狮子，甚至敢与妈妈对着咆哮。得知这个信息后，这位同事找孩子谈话，与家长沟通，利用身边的榜样作用加以引导。在得知孩子与妈妈闹矛盾跑出家门时，她又晚上9点多帮助家长找孩子。对于这样的学生，同事也觉得身心疲惫，但当她看到孩子的转变时，她又感到无比欣慰，以往的一切辛劳都烟消云散。

这就是教师的快乐：给予学生很多，但只要求学生进步。

经常看到网络上有一些指责教师的文字，笔锋犀利，口诛笔伐，字字如刀，直插教育工作者的心。的确有个别教师违背了自己最初走上岗位的誓言，行为令千夫所指，但不能"窥一斑而知全豹"，否定全体。只有真正深入教育一线，真切地了解每位教师含辛茹苦、不厌其烦的工作后，你才会发现，有那么多孜孜不倦、默默无闻的可爱的人，你才会真正理解和体会到教师的艰辛与不易。在教师这个平凡的岗位上每天都有无数如我、如那位同事的事在发生、上演。教书育人，任重道远。我们定不忘初心，心中盛满阳光，毅然坚定地前行。只有耐得住寂寞的人，才会不寂寞，只有耐得住烦琐、平凡的人，才会迎来更加精彩的人生。

深圳龙岗区平安里学校　张晓雪

点评：

教师对孩子的教育过程就如同"绣花"一样，慢工出巧活。有些教育不是立竿见影的，若干年后，才会吐露芬芳。只有耐得住烦琐的人，才会迎来更精彩的人生。

静待花开

今年我担任三年（6）班的班主任。这个班有个"名人"——小豪，他几乎成了我班主任工作的全部。在这一年里，他"积极"逃体育课；他躲在教室里偷同学东西；他跑进老师办公室里偷老师的手机；他和同学大打出手，满地打滚；他怒气冲冲地背着书包摔门而去；他满校园游荡……

开学后不久的一天，他又没去上体育课。我便和他聊了起来："哟，为啥没去上课啊？"他摇了摇头。我接着问："体育课不好玩吗？老师小时候最喜欢体育课了。"他说："太累，总是跑圈。"我接着劝他："跑圈不是为了锻炼身体吗？小孩子要多锻炼身体啊。"他说："就是不想去。""同学们都去了，你也要跟上啊。"他干脆趴在桌子上埋头。沟通不顺利，我有点急了，声音有点大："孩子，你已经很多次都没去上体育课了，要好好锻炼身体，快去上体育课！"没想到他突然开始大哭，接着从座位上蹿起来，背着书包就冲出了教室，嘴里喊着："不读了，我要回家！"我怕他出事，就一路跟着，只见他跑到了门卫室，气冲冲地坐在椅子上并拨通了妈妈的电话，等妈妈来接他。我想安慰他，谁知道一走近，他就发怒，哭喊着砸着自己的午餐盒。

和小豪妈妈聊完我明白了：小豪爸爸基本上不管孩子，孩子缺乏父爱，而母亲又管教无方，溺爱和暴揍共存。我根据工作经验给家长提了两点建议：一是不要简单粗暴地打骂孩子，遇到事情多和孩子分析对错，帮助孩子认清错误并争取改正；二是原则性事情必须要让孩子遵守，如随便拿同学的东西必须禁止。

本以为此事会是一个终点，没想到原来是起点。从那以后，像这样怒气冲冲离开教室的情况仍时有发生，体育课他也时常缺课。我在等待时机。有一天我在操场上打篮球，发现小豪在一旁玩耍。我喊他过来："要不要和老师比赛？我们跑一圈。"一听到比赛，他兴致高昂地跑了过来。比赛我"毫无悬念"地输了。我故意喘着粗气竖着大拇指说："小豪你跑步还不错啊！"他得意地笑了笑说："老师，你要加强锻炼啊！""嗯嗯，我接受批评，今后一定要加强锻炼！"我偷偷看了他一眼，发现他居然有点不好意思了。第二天体育课，他居然破天荒地去了。

通过这次跑步，我们算是建立了友谊。在上我的数学课时，小豪特别认真，回答问题也很积极，一直不能完成作业的他居然开始做数学作业了。我抓住时机表扬他的进步，并帮助他和同学建立友谊，让同学们给他加油、鼓励。每个孩子都是一颗等待破土而出的种子，我们作为园丁不正是要帮助他们成长并期待他们绽放美丽的花朵吗？伴随着默默耕耘，有一天，你会发现，你教过的知识，他们都记得，而你曾给予他们的帮助和真爱，他们都会留着，并回馈你最美好的笑容——这世上最美的花！让我们静待花开！

深圳市龙岗区龙岗中心小学　孙昌凡

点评：

每一个孩子都是花的种子，有的花一开始就开得很灿烂，有的花需要漫长的等待。细心呵护自己的花，相信孩子，静待花开，也许你的种子永远不会开花，但他或许是一棵参天大树。

开心好贵，请别浪费

又是一月考试时，铁打的考试，苦恼的娃。月考试卷一下发，学生们就耷拉着脑袋，小心翼翼地观察着老师的脸色，像要迎来一场大战一样，连呼吸都显得格外谨小慎微。

"老师，我们是不是又年级倒数第一了？"成天笑得像朵花似的小骁突然严肃地问我。

我故意瘪了一下嘴点了点头，瞬间，一张张小嘴微张，一双双眼睛瞳孔放大，教室里的空气都仿佛凝固了。

"是不是觉得自己考得很不好？"我问道。

他们一边叹气一边点头，手里默默捏着笔，摸着书。

"虽然这次考试我们没有考好，但是这也说明下次我们有很大的进步空间啊，我们一起努力好不好？"简单地安慰了一下，我便开始上课了。

这次的40分钟课，像上了4个小时的课，如太阳一般的小可爱们今天就像霜打了的茄子，原来，一次考试考得不理想，对处于三年级这个转折期的孩子来说有如此大的影响。

教育在于抓住关键期，我随即利用大课间的时间跟学生玩了一个小游戏："开心小事"。我给每个学生发了一张便利贴，请学生将能让自己开心的事写下来。学生眉飞色舞地开始动笔写下让自己开心的事。"考试考前十名""考试考第一名""爸爸妈妈带我去游乐园玩""拥有很多好朋友""当上班长""吃一次麦当劳"……五颜六色的便利贴，写满了五花八门的"开心小事"。

"同学们，这么多事情能让你感到很开心，那请问，想要开心，你必须怎么做呢？"

"我必须努力学习才能考进前十名，这样我就很开心。"小博大声说道。"我每天都必须帮妈妈做一件家务，周末才可以去游乐园玩。""我要待人有礼貌、爱干净，这样我的好朋友才会更加喜欢我，我就会很开心。"学生们突然开心地七嘴八舌回答起来。

"孩子们，你们看，每一件开心的小事都需要我们为之付出、为之努力，想要好成绩，需要付出努力；想要好朋友，需要付出真心；想要得到一次奖励，需要付出行动。所有的付出在收获的时候都是我们的财富。"

"老师，这么多财富，那开心好贵啊！"小博天真的回答引来了大家一阵欢笑。

"是啊，千金难买好开心，既然开心这么贵，我们就更不能浪费每次开心的机会了。其实开心也很简单，你们看，小博的一句话就让大家笑起来了。孩子们，一次考试失利并不代表我们就是最差的，好心情能影响你的样貌、你的状态、你的发挥，甚至你的下一次考试，所以，孩子们，请保持一个乐观的心态，开心很贵，请别浪费呦。"

就这样，一张张阳光般的笑脸在这次课间小游戏后又一次呈现在我的面前了。

深圳市龙岗区建文小学　林晓梅

点评：

及时教育是教师教育机智的体现，教师眼里的一件小事，也许就是影响学生学习兴趣、学习激情的大事。使人信之，不如使人乐之，愿每个教育工作者都拥有阳光般的心态，教育出太阳般的孩子。

夸到学生心坎里

夸，即我们所说的赞美、鼓励、强化，它是行为科学中的一个概念。在教育工作中，学生往往因为教师的一句不逊之言而心灵受到伤害，并因此一蹶不振；也可能因为教师的一次表扬、赞扬而走向成功，并终生难忘。古人说："良言一句三冬暖。"鼓励的力量是无穷的，然而，只有真诚的、具体的、恰如其分的夸奖，才是高尚的、有益的，才能感动学生、鼓舞学生。

一、善于捕捉学生的闪光点，及时给予赞美

特长是孩子们的闪光点，我们要善于捕捉他们的闪光点，及时地赞美，树立他们的信心，从而发挥他们的潜能。

我们班级有一名学生，脑子很够用，很聪明，但不爱学习，很爱玩游戏。为了让他按时完成作业，家长竟然许诺：每天在一定的时间前完成作业可以玩半小时电脑。这样一来，这个学生的作业是能够及时完成了，但明显是应付差事，作业质量低。

有一次上语文课，我提了一个问题，别的学生都想不出来，没人举手回答，我很是恼火，心想这节课是白上了。这时，这个学生举起手来，这一举动让我吃惊，平时要他回答个问题困难得很，这回怎么表现这么好？我立刻叫他起来，只见他流利地说出了他的想法。答案出乎我的意料，跟我原先设想的完全不一样，但我转念一想，思路转了个弯，这样解释也合情合理，这不禁让我对他刮目相看。"真是有创意，老师都没你想得全面！"我特意提

高音量赞叹道。学生们一听我说，仔细想想也觉得有道理，纷纷把惊讶的目光投向他，我发现他的眼中闪烁着从未有过的光芒！我想，打铁要趁热。于是，当学生们读课文时，我走到他身边，俯下身，轻轻说："你是个爱动脑筋的孩子，回答问题又这么有见解，如果学习上态度再认真些，那你肯定会赶上班中的优秀生的。"他不好意思地看了看我，点了点头。

事后，我注意观察了他一阵子，发现在我讲课时，他听得认真多了，在小组讨论交流时能积极地与其他小组成员配合，大胆举手发言，考试也取得了优异的成绩。

二、后进生更需要教师的夸奖、鼓励

后进生由于长期受歧视、遭冷落，一般都很自卑，对外界极敏感，对他人心存戒备，表面上缺乏自尊心，实际上内心深处极渴望得到老师的理解和信任，仍然十分在乎老师对他们的评价。尤其是身上毛病多的学生，有的教师对他们的批评经常是攻击性的，甚至挖苦、讽刺、揭伤疤，严重地挫伤了他们的自尊心，增加了教育转化的难度，甚至造成严重的教育失误。

从心理学的角度来讲，每个人都需要善意的赞美。善意的赞美实际上是一种投入少、收益大的感情投资，是一种驱使人奋发向上、锐意进取的动力源泉。

我们班中有个小男生叫范蓝星，动作慢，成绩一直跟不上大家。我给他制定了时间表，让他合理安排时间，尽量在规定时间内完成自己的事。渐渐地，我发现他有所进步了，成绩有一点提高，字也写得端正了。

一次，我批改他的听写本，眼前顿时一亮，说："是星星的本子吗？书写如此大方。"再看一旁的范蓝星，他始终没离开我身边，笑嘻嘻的，用充满期待的目光看着我，仿佛希望我说些什么。我轻轻摸着他的头，对他说："噢，写得很好，端正又大方！瞧你，进步了！"说着，我在他的本子上大大地写上"好"！他笑着回到座位，又认真地看起书来。我想，教师学会赞美学生是何等重要。

夸奖不仅是一种技巧，更是人的修养的一种外在表现，它能体现赞美者自身的道德水平。因此，只有真正喜欢学生的教师，才能给学生带来春天般的温暖。如果教师能巧妙运用这些激励的方法去赞美学生，那么学生也会心情愉悦、精神愉快，这种教育的手段往往会达到事半功倍的效果。

点评：

"每个孩子，都是一个完全特殊的、独一无二的世界"，每个孩子的个性特点和需求都是不同的，教师在和他们交往的时候，需要运用一些技巧，且采用方式方法要因人而异。

老师，我想你了

"老师，我想你了……"当拿着手机，耳畔传来阿君的声音时，我鼻子突然一酸，泪水瞬间流了下来。从教二十多年来，这是我第一次隔着千里之遥听到学生说如此温暖的话，那一刻，往日的种种甜酸苦辣都化作胸间的一股暖流，流遍全身。

阿君，是我班上的一名学生，也是我几分钟就记住的一个孩子，他跟着我已经一年多了。他很聪明，也很爱表现自己，有时你刚讲了上半句，下半句就被他接上了，他也不管自己说到云里还是雾里。尤其是我上公开课时，他更加积极地表现自己，我的话还没说完，他的声音已经出口了，让我哭笑不得。他很爱玩，如小橡皮、小黏土、小纸片、小铁钉等，一到他的手里都成了他爱不释手的玩具。他不爱完成作业，能不写就不写，即使写了，也是小蚂蚁一只只，还是歪歪扭扭的。为此，我没少找他谈话，他认错的态度非常好，每次只要一批评他，他马上就做出改正的样子，但十分钟一过又故态复萌。

有一次，大家都做完课堂的作业了，他才写了几个字，还写得东倒西歪。我站在他的身旁，想看看他到底是怎么写字的，这一瞅，还真吓一跳，他的每一笔、每一画，似乎都用尽了吃奶的力气。我连忙弯腰轻轻握住他的手，一笔一画地牵引着他写字。看来，我缺乏对学生身心条件的了解啊！之后，我看他的目光里多了一丝微笑，少了一些批评，只要是写作业，他能写多少是多少，我再没有批评过他；同时，也经常有意无意地叫他帮我裁剪一些图片。为此他非常开心，总希望能给我帮忙，上课也总是追随着我的目光，就算我批评了他，他眼睛里也藏着笑意。

上学期末的一次课间，他看见一个小朋友在抬架子，便兴奋地上去帮忙，结果没抬起反把自己的脚轧得骨折了。在去医院的途中，我抱着他，看着他发青的小脸，微微干燥的嘴唇，不知道说什么好，便只好握着他的小手轻轻地摩挲着，任凭泪水滑落。一个月后，我听说他随着妈妈回了河南老家，没想到在假期里的一个中午，他竟然拨通了我的电话：老师，我想你了，我想听你的课……

深圳市龙岗区龙城街道盛平小学　石燕香

点评：

师生情，是最纯真、最美好、最动人的情谊。教师相信学生，真诚地对待学生，用心灵陪伴学生；学生相信教师，喜欢、拥戴教师，我们的教育就成功了！所谓亲其师信其道，有爱就有教育，育在其中。

慢慢来，我等你

年级下学期开学的时候，我们年级来了一对双胞胎插班生，因为我和夏老师班级人数比其他班级刚好少一人，所以这对双胞胎兄弟便自然地分到了我和夏老师班上，小泽在夏老师班，小润在我班。

小润和小泽相貌非常相似，都长得虎头虎脑的，非常可爱。小润上课时很安静，从来不举手发言，下课时经常坐在座位上，自己看书或者画画。像这样安静的孩子，既不优秀也不调皮，自然成了班上最不起眼的一类。直到第一次单元测试成绩出来，我才发现小润的问题所在。他的成绩居然只有32分！一年级啊，试题非常简单，居然考得这么差。我拿起他的试卷一看，有一大半都是空白的，没有完成！

"怎么回事？你是没有听课吗？怎么有这么多题都没有做？"我生气地质问他。

小润低着头，好半天才憋出一句话："我……刚做完第一面，老师就收卷了。"

"别的同学都能做完，就你做不完，肯定是平时没认真听课，或者考试的时候玩了！"听着我严厉的批评，小润不说话了。

我把小润这个"差生"的座位调到了最前排，还安排了学习成绩最好的班长与他同桌来督促他。这让我发现了更多问题，他做什么事情都是慢吞吞的，慢慢地拿出书本，慢慢地写字，慢慢地收拾书包……于是我不断地催促他："小润，你快点交作业！""快点收拾书包排队啦！""全班都在等你了！你快点！""快点……"同组的其他同学也经常催促他，甚至有些同学看他反应慢，有意无意地就逗他，觉得好玩，看他没有反抗，就变本加厉地打他、欺负他。

期中考试后开家长会，我特意找小润的妈妈单独谈谈他的情况，看看怎样帮助他能够动作快一点，不再这么拖拉。小润的妈妈也很苦恼地对我说："老师，我也很想让孩子快一点，我每天都像赶鸭子上架一样催促孩子快点刷牙洗脸，快点穿衣服，快点写作业，每天写作业都写到很晚，看到孩子这么累，我又于心不忍……"小润的妈妈还告诉我，原来，这对双胞胎兄弟是早产儿，怀胎七个月就降生了，出生的时候两个人加起来还不到五斤。因为小泽比小润稍微轻一点点，妈妈便把更多的时间和精力放在了小泽身上，没想到却让小润后来的生长发育反而比小泽更迟缓一些。小润妈妈非常自责，我也陷入了深思。

是啊，每个孩子生长发育的进程都是不同的，特别是小学低年级阶段，大几个月和小几个月的孩子相比都有差距，何况是像小润这样先天不足的孩子。我想起龙应台的《孩子，你慢慢来》中的一段文字："我的手还小，请别要求我在整理床铺、画画和打球时做得很完美。我的腿还短，请你走慢些，好让我能跟上你的步伐。我的眼睛还没有看到你所看到的世界，请让我自己观察。我的年纪还小，请拿出时间和耐心向我解释世界上的精彩事情。我的感情还很脆弱，请照顾我的需要，不要一天到晚指责我。"这些文字让我感到这就是小润想要对我说的话呀！

从那以后，我每次上课都要点小润起来回答一些比较简单的问题，他一开始总是神经紧绷、表情僵硬，半天回答不出一句话来。我都会跟他说："小润，慢慢来，我等你，回答不出也没关系。"其他学生一开始也很诧异，交头接耳、开始聊天。我每天都这样说："小润，慢慢来，我等你。"渐渐地，小润也鼓起勇气能回答出问题了，我发现其实他智力并不差，课外阅读量还挺丰富，有时候还回答得很好、很有创意！每次他回答出问题，我都会大力表扬他，其他同学对他的态度也渐渐转变了。

到一年级下学期快期末的时候，在一次小组讨论上，我看到同组的同学在跟小润说话，我很好奇地走过去听，我听到那名同学跟他说："小润，慢慢来，我等你。"我当时就很受触动，我经常教育学生要团结、友善，其实最好的方法，不是如何去说教、解释这两个词语的含义，而是教师带头做，学生看着看着，就学会了。身教的力量，永远胜过言传。

深圳市龙岗区平安里学校　饶思思

点评：

有句话说："人在做天在看。"我想说的是教师所做的，不是给天看，而是给学生看。倘若你富有爱心地帮助身边需要帮助的人，周围的人也会被你感染。所以，作为教师，既要德高为师，更要身正为范。

没有笔帽的彩色笔

这天是六一儿童节，全校各个班级都在如火如荼地庆祝儿童节。我们班级的学生一下午都欢天喜地，弹、唱、跳、说……个个争相展示，兴致勃勃，多欢乐的节日啊！

所有节目表演完毕后还有一个重要环节，那就是派发节日小礼品。家长们都觉得儿童节是孩子的节日，为了让孩子在这个节日中过得更加有意义，班级家委会成员特组织家长为每个孩子都准备了一份非常实用的节日礼品——12色彩色笔一套。一听说要发彩色笔了，孩子们都在欢呼，还有礼物发，多高兴的事啊。这时，我把家委送来的50套彩色笔放在讲台上面，台下的50双眼睛都在目不转睛地盯着讲台，仿佛在说："老师，您快点发啊。我都迫不及待地想要礼物了。"

望着那些期待的小眼神，我正要发礼物，突然看到有一盒彩色笔当中的黑色笔没有笔帽，我仔细查看了下，没有找到，接着又把整个箱子找遍了，就是没有看到那个黑色的笔帽，真是纳闷，怎么就找不到了呢？那就直接发下去吧。我转过身来，对学生说："同学们，这里有一盒中一支笔没有笔帽，怎么办呢？"顿时，刚刚还坐得笔直、目不转睛的孩子很多都趴了下去，喜悦的表情秒变，有的孩子在摇头，好似在说：没有笔帽的我才不要呢！有的孩子直接低头，好像在拒绝：不要发给我！还有部分孩子在小声嘀咕着："我不要我不要，我就是不要。"看到目前这种状况，我故意说道："今天真是碰到大难题了，老师暂时没有办法给大家发彩色笔了，既然大家都不想要这盒缺了笔帽的彩色笔，那这样吧，老师也不想为难大家，今天就暂时不发了，等改天去老板那里换好了我们再统一发下去，可以吗？"此刻台下又开始喧哗起来了，有的孩子露出失望的表情，有的孩子说："要发要发。"就是没有一个孩子说出一个能让大家都觉得可行的方案。

正在这时，有个孩子站起来了，他就是小朱。小朱平时爱捣蛋惹事，学习经常漫不经心，是班上出了名的"明星"，他站起来有什么事呢？大家都向他投以疑惑的目光。"余老师，你把那盒没有笔帽的彩色笔发给我吧，少一个笔帽没有关系的，这样同学们就都可以拿到自己喜欢的彩色笔了。"此刻，孩子们的目光都集中到了小朱身上，想不到平时这么贪玩、捣蛋的他竟然主动要了没笔帽的彩色笔。我看看小朱，又看看全班同学："没有笔帽，你确定要它吗？"他果断地点了点头："是的。"顿时，台下响起了响亮、热烈的掌声。"你们为何鼓掌啊？"我故作疑惑地问道。

"因为小朱同学主动要了没有笔帽的彩色笔，值得我们学习。"之前还在摇头的小李有点不好意思地说。

"大家都不想要这盒彩色笔，只有小朱站起来，我要给他点赞！"刚趴下去的小王腼腆地说道。

"是啊，感谢小朱同学，为大家解决了这个难题，更让老师佩服的是小朱同学能接受不完美的彩色笔，让我们再次为小朱同学鼓掌！"教室里又响起了阵阵掌声。小朱也露出了会心的微笑。

因为这件事情，小朱获得了同学们的赞赏，变得越来越自信了，调皮捣蛋的行为也减少了不少。

深圳市龙岗区依山郡小学　余巧辉

点评：

班级管理教育需要班主任的教育智慧，教育是一门智慧之学。班主任要用一个智慧的生命照亮许多智慧的生命，用一个心灵唤醒许多心灵。余老师运用了自己的教育智慧，巧妙地解决了问题，同时也为学生的成长创造了机会。

每一朵花儿都值得守护

上完早课刚回到办公室，急促的电话铃声响了起来，我接通电话，电话那头传来了小颖妈妈既着急又伤心的声音："老师，麻烦您帮我留意一下小颖今天的情绪和行为会不会很反常，如果有，麻烦您通知我！"

我安慰地说："小颖妈妈，您别着急，慢慢说，发生了什么事？"小颖妈妈欲言又止，只是告诉我小颖跟弟弟吵架了。

小颖是我们班的班长，是个阳光开朗的女孩子，能力很强，学习成绩也不用担心。我回想了一下早读看到她的情形，确实有些不对劲，读书时老走神，看起来也很不开心。

大课间的时候，小颖协助课代表把作业本捧过来。如果是平时，她会像个小喜鹊一样叽叽喳喳地向我反馈班里的情况，可是这一次，她一声不吭，耷拉着脑袋，放下作业本就要走。

我唤她留下，牵着她的手轻声地说："小颖，你今天看起来不开心啊。"没想到小颖一听，"哇"的一声哭出来，抽抽噎噎地说道："老师，我想回潮州，这里不是我的家，这个妈妈也不是我的妈妈！"

我一边安抚着小颖的情绪，一边让她把事情经过告诉我。原来早上小颖正在刷牙的时候，晚起的弟弟硬是要霸占洗手间先洗漱。因为担心迟到，所以小颖跟弟弟争执了一下，没想到读一年级的弟弟不但推了她一把，还对着她大声嚷了一句："你回你的潮州老家，这里不是你的家，这个妈妈也不是你的妈妈，是我的妈妈！"小颖听了后，早餐也不吃，一路哭着跑出门来上学，妈妈追也追不上。

这下子我明白了：小颖爸爸妈妈为了追生一个儿子，把排老三的小颖留在老家让奶奶带养，每年只有过年时爸爸妈妈才带着姐姐和弟弟回一次老家，直到3个月前要读四年级了，小颖才被带来深圳。年幼时便与父母长期分开及家庭环境的不稳定使得小颖缺乏安全感和归属感，在家中她总觉得自己像个外人，能不说话就不说话，时刻像只想躲起来的小猫。难怪早上弟弟的话深深刺伤了小颖脆弱的心。

我得想办法帮帮她。

放学后我进行了家访，进一步证实了自己的判断：两个姐姐因为读高中住校，一个星期才回来一次，加上都是女孩子，所以相处问题还不大。爸爸妈妈因为愧疚，所以对小颖特别关爱一些，希望以此补偿，与小颖说话也有点小心翼翼，但这让小颖不自在，相处得很拘谨。而弟弟觉得这个新回来的姐姐像个入侵者，占有了他原来独占的资源和父母的爱，有种忽然失宠的感觉，所以对这个姐姐自然产生了怨言。

了解情况后，我保持着跟小颖父母的联系，推荐了很多如何搞好亲子关系的文章，并分别带了小颖和小颖弟弟到学校的心理咨询室进行专门的心理辅导。我还开展了"我爱我家，我爱我娃"的主题班会活动，班会的最后一个环节是让家人和孩子互相拥抱着，说说自己的心里话。小颖一家人抱着、说着、哭着，把彼此内心的焦虑和满满的爱都说了出来，让人为之动容。

那天之后，我看到活泼阳光的小颖又回来了。课间的时候她还经常开心地跟我聊她和弟弟之间的小秘密，跟我聊她的爸爸妈妈又带他们去了哪里野炊、旅游……

每一朵花儿都值得守护，每一朵花儿都值得拥有最好的年华。

深圳市龙岗区平安里学校　梁蝶娜

点评：

每一个孩子都是一朵娇嫩的花儿。当别的孩子享受花样年华，在父母怀里撒娇时，留守儿童被留在了遥远的家乡，由年迈的爷爷奶奶陪伴成长。他们离开了父母亲情的怀抱，独自感受着与年纪不相符的孤独，需要我们教育工作者付出更多的关爱，对留守儿童家长提供多渠道的帮助。

萌芽包容之花

天下午放学，有个学生泪眼汪汪地跑到我的办公室，把我吓了一跳。因为我对这个学生的评价是：很乐观，从来不会轻易哭泣。在我的印象中，她从来没有因为什么事情这么难过过，我的心突然沉了一下。

我先是将她揽入怀中，拍拍她，将她的情绪安抚平静后，开始问起让她难过的原因。原来因为在上午考试过程中她翻书作弊这件事情，下午有好几个女同学说不跟她玩儿，嘲笑她，甚至还用非常难听的言语辱骂他。我开始意识到了事情的严重性。

我以为让学生在同学们面前主动承认错误是对的，第一，能够让班上所有的孩子吸取教训；第二，能够培养做错事情的学生认错的勇气；第三，能够让学生明白，知错就改是一件好事。可是我没想到竟然会引发这么大的波动，这和我的初衷并不吻合。

第二天早上我来到班上，问了学生三个问题：第一，大家有没有犯过错误？第二，犯错误是一件很可笑的事情吗？第三：犯了错误，及时地承认并改正，是不是值得我们学习？我接着说："昨天对考试作弊的同学说了不好听的话的同学，请主动站起来，现在就是你们主动承认错误的好机会。"三个女生在犹豫了许久之后，你看我，我看你，忐忑地站了起来。

我告诉她们，对于犯了错误、敢于承认的同学应是欣赏的、包容的，而不是去嘲笑，每个人都有犯错误的时候，错误被原谅、被包容，大家才不会害怕犯错误，相反还能从错误中改正自我的缺点，变得更加优秀。

我狠狠地表扬了她们三个承认错误的勇气，并借此告诉全班学生，希望班上的每个学生都能够勇于去发现、承认、改正自己的错误，同时也去包容别人的错误，只有这样，同学之间才能够和睦相处。最后，我让学生们自由分享了自己包容他人错误的经历，学生争先恐后地说了起来，我一个个地认真听，耐心地夸赞，鼓励他们继续用一颗博大的胸怀去拥抱自己和宽容他人的过错。

接受他人的不完美也是学生成长过程中的必修课，学会包容他人的缺点是培养学生心怀仁慈的核心，积极引导学生敢于接受自己的缺点，学会原谅他人的失误和过错，并且给予支持和信任是教师育人的一个要点。愿每一个孩子的心中都能种下包容的种子，开出仁爱之花。

深圳市龙岗区华中师范大学附属龙园学校　张依婷

点评：

苏霍姆林斯基在要《要相信孩子》一文中提到："儿童的心灵是敏感的，它是为着接受一切好的东西而敞开的。"如果教师引导学生学习好榜样，鼓励学生仿效一切好的行为，那么，学生身上的所有缺点就会减少，其痛苦、创伤和难受也会逐渐消失。教师在教学生认识错误之时应当放大其好的行为，鼓励学生用包容和信任接受自己及他人的过错。

那一刻的你，是最耀眼的星星

每一所学校，每一个班级都有一些需要我们特别关注的学生。我在教书的这段时间，也遇到过许许多多、形形色色的学生。有上课注意力不集中、课下过度活跃、自控能力差的；有情绪不稳、性格孤僻、过分任性的；有品德问题，如偷窃，说谎，对他人有攻击行为、破坏行为的；有顽固性不良习惯，如吮吸手指、咬指甲及其他一些不良习惯的；等等。下面，我就教学中的一个实际案例进行表述。

小雨是我们班的学生，他不管是上我的课还是上其他教师的课都很不专心，课间活动时经常欺负同学，成绩在倒数十多名。我找他教育谈话无数次，但他总是管不住自己。后来找家长谈话，也无济于事。家长好像也对这个孩子失去了信心，对其置之不理。

一次偶然的机会，我发现小雨在上课时居然在课本上画画，他这样做固然不对，但画却画得相当不错。抓住这个机会，我让他负责班级的班报刊头，一连两个下午下来，班报刊头居然焕然一新。那天下午放学时我当着他的面向他的父母报喜，并对小雨提出如果在学习上也能这样出色就更好了。

从那以后，小雨上课认真了，课间时也能与同学和睦相处了。后来，我又让他参加班级展板设计和制作，他看到我对他如此器重，学习劲头更足了，上课再也不开小差，下课主动请教老师，经常和同学们一起探究问题。考试成绩公布以后，他的排名迅速从全班第38名上升到第7名。评奖的时候，他的身上充满了自信，那一刻的他是最耀眼的星星，而从小雨妈妈那洋溢着笑容的脸上，我深深地体会到教师职业的幸福感。

通过这次经历，我深刻地理解到万玮在《遭遇问题学生》中的专家建议中所说的，欣赏学生的重要性。"欣赏教育"的倡导者周弘说："我期望把孩子的人生当作起跑赛道，我们家长就是啦啦队员，永远高喊加油，高呼冲啊，怎么喊都不会错，发自肺腑，不要装模作样。我教育我的女儿，都是用大拇指，她做任何事我的大拇指都是晃来晃去的。"教师和家长在面对缺乏动力乃至厌学的学生时，要改变一味地批评的教育方式，要努力寻找孩子身上的闪光点，对孩子的每一点努力和进步都给予肯定和表扬。要让孩子意识到，他通过努力完全可以取得好成绩，他是有能力学好的，老师和家长对他有信心。

全国著名优秀班主任魏书生也说过："一名好教师，必须永远相信自己的学生，不管多么笨的学生，脑子里都埋藏着无穷无尽的潜力。"事实上，不是学生脑子里缺少资源，而是我们缺乏勘探这些资源的能力。要挖掘这些学生身上的闪光点，并能适时地给他们一定的肯定信号，积极加以引导使其充分发挥自己的优点，体验成功的喜悦，并成功地将其迁移到其他方面，扩大其闪光点、成功点。

事实证明，及时发现和表扬学困生的每一个闪光点、成功点，是对他们自尊心的最大尊重，对于他们扬起生活的风帆、克服自身缺陷、战胜自我、树立积极进取的自信心是至关重要的。

总之，对这样的学生只要教师和家长端正态度，满腔热情地去关心爱护他们，严格要求他们，熟知他们的心理变化和行为习惯，有的放矢、耐心细致地教育他们、帮助他们，他们就能和其他学生一起健康成长，成为对社会有用的人才。

深圳市龙岗区平安里学校　王佳佳

点评：

学生的精神世界是丰富而复杂的，同时带有互不雷同、鲜明的个性特点——能力、气质、爱好和才华。K·丘科夫斯基曾经用"人的初稿"一词形象地比喻。教师作为对这一初稿具有润色和修饰责任的人，最要紧的是要设法使每个学生"人的初稿"中一切优秀的品质达到完善的程度，一切不足的部分得到纠正和补充；力争使每一部"人的初稿"都成为一篇热情奔放、生动鲜明的诗歌，闪现出个人智慧的火花。

耐心地等一等，花真的会开

66　老师，我昨天去参加篮球比赛了，这是我补交的作业。"子鸣双手捧
着作业本恭恭敬敬地站在我面前。我接过本子，看着眼前这个男生，
心中有一丝欣慰，这个孩子真的长大，懂事了。回想这6年，这个孩子闯过
多少祸？作业多少次没做？我给家长打过多少次电话？他的父母又被我请到
学校多少次？数不清。可今天，他能主动补交昨天因为去打比赛而落下的作
业，怎能不让人感到欣慰？

　　我想起曾经看过法国作家查尔斯·贝多的一个故事。9岁那年，他到北
方爷爷家的农场过圣诞节。玩耍时，他看见屋前的几棵无花果树中的一棵似
乎已经死了，树皮已剥落，枝干完全枯黄。他对爷爷说："爷爷，那棵树早
就死了，把它砍了吧。我们再种一棵。"可是爷爷不答应："也许它的确
不行了，但是过冬之后可能还会萌芽抽枝的，说不定它正在养精蓄锐呢！
记住，孩子，冬天，你不要砍树。"不出爷爷所料，第二年春天，这棵貌似
已经死了的无花果树居然重新萌生新芽，和其他的树一样感受到了春天的来
临。到了夏天，整棵树看上去跟它的伙伴没什么差别，都枝繁叶茂、绿荫宜
人了。

　　一棵看似没有生机的树，在爷爷的耐心期待中竟"死而复生"了。看了
这个故事，我们不能不为爷爷的智慧而感慨。"冬天，你不要砍树"，这话
不是也很适合我们这些教育工作者吗？我们在教学中经常会遇到一些让人头
疼的学生，他们或许很淘气，三天两头闯祸；或许行为习惯较差，作业经常
完不成。这些孩子就像冬天里那棵枯萎的无花果树，可能在积蓄力量，当春

天到来，阳光沐浴着他，春雨滋润着他，在不知不觉中，他就悄然发芽了。而这只需要我们更多一些的耐心，更多一些的信心，不是吗？

曾经，我鼓励学生大量阅读，稚气未脱的他们从报纸、绘本开始，一句句、一篇篇、一本本地读，到现在班里的孩子都成了"小书虫"，才子才女们个个"破茧而出"，芷晴同学的篇篇作文成为典范，被其他班的老师争相传阅，俊豪同学连年在区小学生现场作文大赛中获奖，被评为深圳市十佳文学少年……

曾经，我鼓励学生丰富业余生活，全面发展，甚至将下棋、溜冰、打羽毛球布置为假期作业。到现在，他们个个学有所长，校大队委成员有四分之一是我班的学生，校篮球队的一半主力是我班的学生，校科技小组、舞蹈队、合唱队等各种社团中不乏我班学生的身影。连续3年的学校科技节，他们次次拿回了全校总分第一，校运动会总分第一，拔河比赛第一，广播操队列队形比赛第一，国学知识竞赛第一……

曾经，在他们经历挫折失败时，我费尽心思地开导、讲道理，到现在比赛失利时，他们反过来安慰我……

曾经，我每天花费大量时间处理班级里鸡毛蒜皮的小事，到现在班级中秩序井然，我的办公室门可罗雀……

我很庆幸能陪伴这些孩子们度过6年的小学时光，看着他们从稚气未脱变得知书达理，从懵懵懂懂变得善解人意，从斤斤计较变得宽容大度。这曾经的一个个小花苞，终于都开出了灿烂的花朵。我更加坚信"莫疑春归无觅处，静待花开会有时"，放低期许，放慢脚步，耐心地等一等，当漫长的冬季过去，待满园春色的季节到来时，花——真的会开。

深圳市龙岗区布吉木棉湾学校　姚珍珍

点评：

有人说，教育是慢的艺术，每个孩子都是一粒种子，都有着发芽的机会。作为一名教育工作者，我们需要的仅仅是更多一点的耐心和等待。《麦田里的守望者》写得最好的两个字就是"守望"，教育不是管，也不是不管，在管与不管之间，有一个词语叫作"守望"。我们要做的就是守望孩子的成长，学生是自己的主人，他们的成长必须通过自我构建来完成。易中天在一次演讲中提出四个字：望子成人。我想，如果健康，如果快乐，如果没有违背自己的心意，我们的孩子，又何妨做一个善良的普通人。

南风吹

每个人的内心都有一颗善良的种子，善良是灵魂的微笑，是对生命的感恩，是一种至善至美的心灵境界；善良可以驱赶寒冷，横扫阴霾，人生路上用一颗善良的心来对待生命的际遇，生活就会处处明媚。一如我相信你，只需一股南风……

——题记

乐园变战场 谁之过

"老师，珍同学在阳台上洒水玩，弄得同学们身上都湿了。""老师，默同学在玩阳台的门，别的同学都进不去。""老师，杨同学和燕同学在阳台上打架。"……这学期此种投诉可谓是一到大课间必定不绝于耳。每每走到犯错误的学生身边，看到他们无辜的眼神和认错的脸，我便心生疑惑，为什么大家明知不可为，却偏偏要犯呢？想想这一群身心正处于人生第二次高速生长发育阶段的学生，上课那么有礼有节，怎么离开视线不到两分钟就会恶作剧层出不穷呢？

我发现，我班处于被几个办公室包围的状态，但是教室相比别的班级却大很多，学生可以随意走动而不用担心碰到别人的桌子，最让我们惬意的是教室外面独立的大阳台，那是我班最自由、最隐私的空间。可以极目远眺，也可以俯瞰绿草如茵的校园足球场。但是不曾想如此一块乐土却成了硝烟弥漫的战场。我曾试图用读书漂流活动和共享一本书活动的推广来削减他们对参与课后阳台活动的热情，但是收效甚微。因为大部分爱读书的学生即使去了也不会有冲突，何况下课几分钟也需要让学生离开书本，舒缓一下紧绷的神经和疲惫的眼睛。更别提那几个多动的小调皮了，早就巴不得趁下课离开座椅，舒展拳脚了。当我把象棋、围棋、飞行棋等棋类请进班级的时候，貌似班级课间阳台冲突消停了一段时间，这不，新鲜劲儿一过，开学才两周，阳台争端又起……

"老师，牛牛同学在阳台踢矿泉水瓶，另外两个同学配合踢，水瓶里还装着水，其他同学被他们弄得满身都是，劝阻他们还不停。"值日班长跑来向我汇报。我火速赶到教室，放眼望去，阳台上那个热闹劲堪比运动赛场，洒到水的学生愉快地尖叫，没有洒到的在快乐地躲闪，抢到瓶子的意气风发，没抢到的蠢蠢欲动……看到此情此景，我竟然没有了丝毫的愤怒，是啊，他们是一群如此青春勃发、活力四射的孩子。所有我为他们课间预设的文明活动，如看书、下棋等又怎么能满足这一颗颗灵动而又澎湃的童心呢？虽然在我到的那一刻游戏停止，喧闹声停止，但是我内心的叩问却并没就此停息……

探寻小策略　思无邪

记得曾经看到这样一个心理故事：南风与北风打赌，看谁的力量更大。他们约定，看谁能把行人的衣服脱下来。北风冷冷地、张牙舞爪地吹，行人把衣服越裹越紧；南风出马了，它徐徐地吹，温暖地吹，直到风和日丽，行人都脱掉大衣。南风胜利了。

南风为什么胜利了呢？因为它让人们的行为变成自觉的行为。这种启发人们反省、满足自我需要而达到目的的做法，被称作"南风效应"。

如此，我何不让这股南风乘着美好的春光吹进教室？于是我在班会课上和班级群里发出了"绿色行动"的倡议，当第一盆小多肉被琳同学请进教室捧到阳台时，竟然吸引了所有学生的目光，大家都对它呵护有加，以至于第二节课一下课琳就抱着她的小多肉到我身边哭诉，同学们都猛浇她的花，花快被淹死了。我很诧异，也很欣慰，赶紧召集了一个临时班会，对学生给予第一盆花的爱大加赞赏，为琳同学的眼泪与爱加分，并当众颁发了一把小尺子进行奖励。当下午走到班级阳台时，毫不夸张地说，眼前简直就是一片葱绿。要留住这份美好，必须有一套长效的管理机制。于是我在班级号召学生以小组为单位摆放，进行每周组际绿色PK打分并计入个人和小组量化考核，每个学生在花盆上写上自己的姓名和花语，并且专门让熠同学做阳台总督导。

南风轻吹，爱无声

在学生们的共同努力下，我们的阳台不仅葱绿，而且有序加文艺范！学生们经常在课间浇水侍弄花草之际互相交流养花心得，偶尔看到某同学仍在班上奋笔疾书，顺便帮她的花草也打理了，也就是顺手的事儿，可是善意却像长了翅膀，在生生间形成了回旋之势。更有小清新的同学拿上自己喜欢的书，或依靠，或席地而坐，徜徉书海。当一棵嫩芽破土而出，幸福洋溢在每个人的脸上。爱屋及乌，再也没有听到谁破坏谁的植物的声音，哪怕是半个矿泉水瓶做的盆栽也能得到尊重。

"老师，森同学的黄豆发芽了""老师，颖同学的水仙开花了"……每天捷报频传，这方乐土真正成了大家放逐身心的课后欢乐小家园。以前，被粗暴地踢来踢去的矿泉水瓶被改装成精美的喷洒水壶，以前偶尔摩擦、互相挑衅的眼神，在那一方新绿下，盛满温情。当黄昏临近，西晒的阳台照进的那一方斜阳，也不再是大家恶作剧的道具，而是让大家想着自己和组员濒临枯萎的花草能不能在这一丝温存下保留生命。绿色在阳台攀缘，爱意在每个人内心流动。

是的，南风出马了，它徐徐地吹，温暖地吹，直到风和日丽，行人都脱掉大衣。南风胜利了。

深圳市龙岗区盛平小学　李凤平

点评：

当我们注意维护孩子尊严、尊重孩子并且态度坚定时，孩子很快就会明白，他们的不良行为不会得到自己想要的结果，这会激励他们在保持自尊的情况下改变自己的行为。一旦我们认识到这一点，就会理解孩子的不良行为的短暂加剧与严厉型管教所带来的无休止的权力之争相比，实在算不了什么。李老师善于抓住学生的心理特点，利用正面管教，从学生的心理出发解决班级棘手问题，抓住教育契机，化弊为利。

难堪中的觉醒

作为一位语文老师，课堂上时常会用孔子语录"知之为知之，不知为不知，是知也"教育学生在学习中不懂就要问，殊不知自己在课堂上解答不了学生的问题时却虚伪地敷衍他们。

有一次，正在上《要是你在野外迷了路》这一课，学生们课堂表现异常活跃，讲到野外迷了路怎么辨别方向时，学生各自交流网上搜索到的辨别方向的方法，如观日出日落；看大树的树冠，浓密的为南；树干上的青苔，色深的为北……学生的知识拓展更丰富了，正想着这节课可以完美谢幕的时候，突然有一位女生举起了胖乎乎的小手，问我："刘老师，大树的年轮怎么辨别南北呢？"这个问题一下子把我问倒了，只记得大树年轮有稀疏差别，究竟稀的那边是南还是疏的那边是南，一时还想不起来，而我们平时也没见过树墩。但是老师的虚荣心又迫使我小声对她说："现在是上课，下课再说吧。"没想到一下课，她用一种渴望的眼神看着我，我故意避开她，匆匆离开了教室。

过了几天，我早就把这件事忘了，但是这位女同学却始终锲而不舍，她再一次来到我的面前问起了这个问题。我想：那天是我太草率、太敷衍了，今天不如换个角度，跟她一起寻找问题的答案吧。于是，我拉着她说道："要不，我们一起上网查查看，看看是怎么解释的，好吗？"她高兴地说："好呀！"我特意让她坐在我前面，边打开搜索引擎，边告诉她操作流程，指导她搜索关键词，网上出现了很多不同的解释，我们分别打开了几个对话框，一起念道："观察一棵树桩，年轮宽面是南方。"女生睁着大大的、渴求知识的眼睛继续往下看。"因为森林中空地的北部边缘青草较茂密。树桩断面的年轮，一般南面间隔大，北面间隔小……"网上的答案很详细，还有课堂上同学没有搜索到的辨别方向的方法，她兴奋地说："哇，还有好多辨别方向的方法呀，我回到教室要告诉他们。"我们俩看得很认真，临走时这位女生开心地对我说："谢谢你，刘老师，以后遇到不懂的问题，我知道怎么在网上搜索了。"我听了，也长吁了口气，心想：老师更要感谢你，是你教会我什么是"不耻下问"，是你让我看清自己的虚伪，是你让我找回迷失的灵魂，在难堪中觉醒。

深圳市龙岗区平安里学校　刘小兰

点评：

当学生通过主动学习提出疑惑时，教师有效地解决他们在知识上的困惑，不仅能调动学生主动学习的能力，而且能发掘培养学生勇于质疑的精神。对他们生活中的问题，教师也要注意观察，必要的时候给出自己的建议，在帮助学生的时候要留有空隙，让他们自己去探索、去发现，因为解惑的最终目的是培养学生独立的人格并使他们自己掌握一定处理问题的能力。

第三辑

03

风雨之后见彩虹

冼星海说："一朵成功的花都是由许多雨、血、泥和强烈的暴风雨的环境培养成的。"

没有谁天生就有一副神奇的翅膀，没有人能够随随便便就成功。生命的每一片彩虹都是经历风雨后才换来的，所以我们只有非常努力。梦想就从现在开始，当前进的步伐与心同在路上，谁也无法想象，未来和世界有多么辽阔、宽广。

你们，让我自豪

儿时，坐在课堂里，看着三尺讲台上的教师，传道授业，答疑解惑。课堂上，教师博古论今，天文地理，侃侃而谈。一行行的文字，变成了一个个有趣的故事。一道道习题，成了开启学生智力的法宝。那时，我觉得教师特别神奇，幻想着如果有一天自己站在讲台上会是什么样子。想当一名教师的种子，就这样悄悄地埋在了心里，生根、发芽。

多年以后，我如愿地走上了向往的三尺讲台，成为一名人民教师。初为人师，我感到激动、欣喜、自豪、骄傲。随着教学生涯的开始，我慢慢发现，这其中也有辛酸和磨难，但更多的是激励我成长的温暖。

准备上第二节课了，我站在教室的门口，推了好几下才推开门。门后居然躺着一把笤帚，不知是哪个调皮学生的恶作剧。我很生气，但还是强压着怒火把课讲完。临近下课时，我才问道："这是谁干的？"教室里鸦雀无声，学生们也看出我的怒火，就在这僵持中下课铃声响了，此事只得暂时作罢。

课间操后，我回到了办公室，班长规规矩矩地站在我面前，怯怯地说道："王老师，同学们让我请您去班上。"我余怒未消，对他说："什么事？你说吧。"

"老师，您还是去吧！"

"到底什么事？"

"老师，您去了就知道了。"

我心情忐忑地跟随班长往教室走去。来到教室，推开门的瞬间，我惊呆了，学生已经把教室打扫得干干净净，东西也摆放得非常整齐，他们笔直地坐在座位上，出奇的安静，黑板上一个大大的心形图案中赫然写着："老师，您辛苦了！我们爱您！"当我走上讲台站定后，学生突然全体起立，齐声说："老师，您辛苦了，我们爱您！老师，我们错了，对不起，我们再也不惹您生气了，请您原谅！"我还没来得及做出反应，学生又高声唱起："长大后，我就成了你，才知道那间教室放飞的希望，守巢的总是你；长大后我就成了你，才知道那块黑板写下的真理，擦去的是功利；长大后我就成了你，才知道那支粉笔，画出的是彩虹，洒下的是泪滴……"望着学生们可爱的脸庞、渴望的眼神，我感动着，早已是泪流满面、百感交集，多么暖心啊！此刻，所有的辛酸、愤怒都烟消云散了。学生的爱和心是真诚的，顽皮只不过是他们的天性与童真，我又何必计较呢？

让学生坐下后，我激动地对他们说："同学们，谢谢你们的理解，是你们让我真正体会到了，做一名教师的伟大与自豪，今天的一切都将写进我的日记，永存在我记忆的长河。孩子们，从今天起让我们一起努力吧，让我们都成为更好的自己！""好！"教室响起了热烈的掌声，学生一一与我拉钩、拥抱。

从此以后学生各个争做好事，组成学习互助小组，共同提高。时光如梭，转眼到了学生的毕业季，他们用特殊的方式为我留下了永久的纪念，每人唱了一首歌，存入U盘送给我。他们在毕业留言中写道：老师，课堂上，您是我们的引路人；校园里，您是我们的谈心朋友；生活上，您像我们的妈妈。千言万语也表达不了我们对您的无限依恋，无以回报您对我们的爱，只有用优异的成绩来报答您。看到这些，我真正体会到了一名教师的价值。

每一个学生都是可爱的，都是值得被爱的，都是渴望求知的，再顽皮的学生都有他的闪光点，只要我们用心去爱，正确地引导和鼓励他们，相信每一个学生都会成为更好的自己。

龙岗区平安里学校　王玲玲

点评：

　　尊重和爱护学生的自尊心，要小心地像对待一朵玫瑰花上颤动欲坠的露珠。要得到学生的尊重和爱戴，首先应学会尊重学生的人格，要尽可能多地要求一个人，也要尽可能多地尊重一个人。

老师，你又没有表扬我！

今年，新接手的二年级可真是个不小的挑战……

我看到学生在教室里叽叽喳喳，热闹非凡，于是我微笑着喊一句："上课……"全体学生立刻安静下来，这点让我颇有尊严。逐渐熟悉了52位学生，其中一位男生——小明引起了我的注意，他长得白白净净，微胖的身材很讨人喜欢，几节课下来我发现他非常喜欢跟周围的同学说话，或者搞小动作，一节课能够坚持安静地坐几分钟就很不错了。他不仅自己不认真听讲还影响其他同学。数学老师生气地对他说道："小明，你真的是经不起表扬！"而我不明白是怎么回事，没有多问就开始上课了。上课没多久，小明"老毛病"又犯了，我也气愤地说："小明，难怪刚才数学老师说你经不起表扬！"谁知，小明却大声地说："你又没有表扬我！"我心里不由一震，这一句突如其来的无忌童言让我一时不知道说什么好。

课后，小明的话一直在我耳边萦绕。想起来，平时我总觉得他调皮，的确很少表扬他。从这件小事看来他还是挺在乎老师的表扬和肯定的。调皮的学生也是学生，和大家一样都期望得到老师赏识，而且，从某种意义上来说，也许他比其他学生更期望得到老师的表扬吧——因为调皮，平时得到的批评肯定不少。我以前确实忽视了这一点，于是我决定在今后的教学中调整方式。

从那之后，在课堂上，只要看到他认真听讲或回答了一个问题，我就立刻进行表扬，表扬形式多样：课堂奖励贴纸红花、给他一个拥抱、跟他合影、作文课《介绍我自己》以他的照片为引入、让他做组长、当他的面给他爸爸打电话表扬……各种表扬接踵而来，坚持每天都有新花样。经过一段时间的观察，我发现他在课堂表现、作业完成状况、与同学相处等方面都取得了进步。但毕竟小学生的自控力比较差，要想在很短时间内把坏习惯全部改掉是不现实的。所以遇到他上课不认真、小动作不断、对要掌握的知识模模糊糊的状况时，我并没有灰心，因为我明白他是需要时间磨砺的，也需要教师的耐心教导。

深圳市龙岗区平安里学校　刘小兰

点评：

　　哲人说过，人的精神生命中最本质的要求就是渴望得到赏识。训斥只会压抑心灵，只有欣赏和激励，才能开发人的潜能。教师要坚持把赏识教育的理念运用到实际教学活动中，并持之以恒，如"罗森塔尔效应"说明的那样，在教师关爱激励下，无论是好学生还是"差"学生，都会产生自尊、自信的心理，并以此作为参与学习的动力。

暖阳下的小乌龟

这天中午，预备铃响过，我像往常一样提前5分钟朝教室走去。还没走到教室门口，就看到教室里哄笑一片，而班上一个叫小添的学生却趴在桌子上哭泣。我走进教室，学生们立刻安静下来。从他们异样的眼神和窃笑中，我感觉事情有蹊跷。我下意识地朝黑板望去，只见黑板上画着一只"小乌龟"，下面写着"小添近照"几个歪歪扭扭的字。我怒不可遏，心想这是对小添人格的侮辱，但理智使得我很快就冷静下来。教室里的空气仿佛凝固了，学生们瞪大眼睛，等待我的雷霆万钧。我若无其事地走到小添的座位旁，用手轻轻地擦干了他脸上的泪水，安慰他。我尽可能使自己平静，故作正经地说："这位同学画得还真不错，只是还不太能突出小添的特点呢。"

我拿起一支粉笔，"刷刷"几下，在"小乌龟"的身后画了一条小路，远远的尽头画了一只小兔子，再点缀上花草树木和高挂着的太阳，一幅"龟兔赛跑"图就在我的粉笔间诞生了。全班学生都惊叹不已。只听到几个学生说："哇！卢老师好厉害，真是身手不凡啊！"我笑着说："相信大家都听过《龟兔赛跑》的故事了，我觉得，我们班的小添就是这只谦虚向上的小乌龟，用他的顽强和坚持赢得全班同学的掌声。"不出我所料，教室里响起了阵阵掌声，小添也露出了笑脸。这时，上课铃声响了，我若无其事地擦去了黑板上的"小乌龟"，开始给学生上课。

课后，我一直没有提及此事。一个星期之后，我以"我敬人人，人人敬我"为主题，举行了一次主题班会。在班会上我提出了一个问题——"怎样才能赢得别人的尊敬"，引导学生积极讨论，还让他们结合上完这节班会课后的感想写一篇日记交给我。在第二天批改日记的时候，我看到了那个制造恶作剧的学生写下的日记。他主动承认了"小乌龟"是他画的，还在日记本上写了很多句"对不起"……我也在他的日记本上写下原谅他的话，并鼓励他认真画画，发挥自己的特长。

后来，这个学生不仅没有再制造这样的恶作剧，还经常拿着画来向我请教，似乎他也成了那只在"龟兔赛跑"中奋勇直追、勇往直前的小乌龟。

深圳市龙岗区平湖街道白坭坑小学　卢婷婷

点评：

法国教育学家爱尔维修说过："即使是普通孩子，只要教育得法，也会成为不平凡的人。"曾经画乌龟的恶作剧的这个学生，在卢老师充满爱和智慧的得法教育下，也慢慢地变成了一只知错就改的、勇敢的小乌龟，这不正是教育中的不平凡吗？

陪伴背后的幸福

很多人常说，幸福的背后是陪伴，而我今天要分享的是陪伴背后的幸福。作为一名教师，特别是作为一名班主任，每天被繁杂、琐碎的事情困扰。幸福对我们教师来说，似乎变得有些陌生。不知是幸福疏远了我们，还是我们身居幸福之中而变得麻木起来。其实，只要我们用心体会，你会发现幸福就在我们身边，而我们每天经历的就是幸福。

小星同学在一年级的时候就已经是学校有名的"捣蛋鬼"了。他行为习惯相当差，性格孤僻，上课时要么扰乱他人学习，要么搞小动作；下课时胡乱打闹，同学间经常闹矛盾，大家也都嫌弃他。同学们都不愿和他同桌，说他总是动手动脚，还喜欢乱扔东西；有的同学不愿和他同组，说他学习拖后腿……这些事情常常让我感到束手无策，既头疼又无奈。于是，我找他谈话，希望他在学校能遵守各项规章制度，以学习为重，自我调节，自我改进，做一名合格的小学生。但经过几次努力，他只在口头上答应，行动上却毫无改进。看到他不思进取的样子，我的心都快凉了，算了吧，或许他就是那根"不可雕的朽木"。不理他的那几天，他变本加厉地闹起来。

我清楚地知道要纠正小星的不良行为，首先要打开他心灵的那把锁。我去家访，找家长沟通才得知：小星小时候一直跟外婆在老家长大，严重缺失父母的爱，上小学才被接到深圳就学，所以很多良好的行为习惯都没有养成。父母也跟我们反映了很多家里的情况，家长的管理也比较着急，对待孩子的教育比较简单粗暴，导致和孩子之间的关系越来越紧张。对此，我不仅在平时的班会课上多做"好习惯"灌输，还组织了"好习惯"小组比赛。家长方面，我也进行了更加深入的沟通，推荐了一些科学有效的家庭教育指导方法。爸爸的改观最大，只要有空就会陪伴孩子爬山、游泳、出游等，慢慢地建立起了亲近的家庭关系。经过观察，我还发现小星喜欢看课外书。我经常约他一起阅读，利用午读时间和他一起分享故事，建立深厚的感情，并鼓励他多参加有益的文体活动，这样对身体有好处。我还让他担任图书管理员，为学生借阅图书提供帮助。此外，我还抓住他爱收拾这个好习惯，让他在课间协助小组检查卫生。由于他还是比较好动，我就安排他为班上做贡献，负责包干区的打扫。每天都有任务，他也不再无所事事，而是充满干劲。看到积极为班上做贡献的他，班上的其他学生也对他有了改观，还友好地和他交上了朋友。

通过一年的努力，小星的进步是显著的，他上课开始认真起来，作业也能按时上交，成绩也得到了提高，与同学之间的关系也改善了，各科任教师都夸奖起他。他的眼睛里少了一份惘然，多了一份自信；脸上不见了那种无谓的神态，增添了几许灿烂的笑容。原来陪伴背后的幸福，就是静待花开的幸福。

深圳市龙岗区中心小学　李庆娜

点评：

教育无痕，花开有声，教育是心灵与心灵的融合，是灵魂与灵魂的对话，是智慧与智慧的碰撞，是生命与生命的互动。作为教师，我们要始终坚持"花苞心态"的育人理念。"一个人可以走得很快，一群人可以走得很远。"我们无法选择学生，但我们可以选择最科学、最适合学生的教育方式，对每一个学生多一些尊重和理解，多一些爱和接纳，千万不要用同一把"尺子"来衡量班上的每一个学生。

陪你过好"有生"

金秋九月，是开学的日子。那一年，我担任着一年级一个班的班主任。开学这一天，我清点了班级人数，应到50人，实到却是49人。看着手上的家长通信录，找到没来学生的电话，打过去却是无人接听。带着焦急的心情，我在班级询问其他学生的家长是否有这位学生家长的其他联系方式，几经周折，终于联系上了这位达达学生的家长。达达的爸爸说，要请一个星期的假。

开学的第二个星期，达达来报到了，是一个还算结实的小男孩，个子也不算矮。他上衣靠近裤子的部分，总能隐隐地看出有一个突起的包。借着让家长补交假条的机会，我问了达达请假一周的原因，达达爸爸很直接地跟我说是孩子感冒了。可普通的感冒不会一请就是一个星期呀，而且达达看着也不像刚得了一场重感冒，再加上那一个藏在衣服里的"包"，我内心有很多疑惑。带着这份疑惑，我给达达妈妈打了个电话。原来，达达患有先天性的肾衰竭。

对于这个病症，我很陌生，还是达达妈妈给我普及了一些，大概就是，孩子的肾功能缺失，不能像正常人一样用肾器官来排毒，每天需要借助仪器来帮助肾脏排毒，食欲会很不好，有时候会呕吐。达达妈妈说孩子现在正在等待肾源，希望能早日换肾成功。听完这些，我的内心无比复杂，既心疼孩子的遭遇，也为孩子的前景担忧。

达达的病情，该如何与班上其他学生说呢？在达达妈妈的要求下，我选择了为达达"保密"。可是达达身上带着的"包"是用来做肾透析的，不能轻易弄坏，低年级的学生追逐打闹，难免会出现"小意外"。于是，我找到达达，跟他说，跟同学玩闹的时候要记得稍稍保持距离，有任何问题立刻来找我；达达胃口很差，一顿饭有时候要吃一两个小时，经常会迟到，导致班级扣分，于是，我去跟学校大队部申请不扣达达同学的到勤分，减少达达妈妈为班级扣分的担忧；达达有时候吃不下东西，我就跟达达妈妈说，可以带点面包和牛奶放在我办公室，孩子饿了，随时来吃……这些生活上的问题，在学校的支持以及我和达达妈妈的共同努力下，都得到了很好的解决。

可是，这一份生活上的"特殊"对待，让达达有了一种"我是不一样的"的感受，他的学习开始不认真了，成绩也是一滑再滑。我又一次约来了达达妈妈，语重心长地跟她谈了很多。科技很发达，医疗技术也在不断提升，孩子总有一天会治愈，可是，他缺失的知识却很难再补上去了。这份"特殊"的照顾，不可能伴随他的一生，他总得要有将来能独自面对生活的本领。达达妈妈沉默了。也许，她考虑的只是孩子怎么度过现在，却很少去思考孩子的以后。沉默片刻后，达达妈妈询问了我辅导孩子的方法，拉着我的手，对我说："谢谢您，老师！孩子遇到您，真是他最大的幸运！"

现在，达达已经二年级了，换肾还没有成功，仍是我陪着他。班上的学生至今还不知道这个天天迟到却不被批评的同学到底是怎么一回事，可他们能从我对待达达的态度中学会尽可能宽容地对待他。达达，每天都很快乐，与生俱来的病痛，并没有让他变得忧郁，这是我最乐于见到的。不知道将来达达的病情会怎么变化，现在，我只想着能在达达的"有生"里陪伴他一起过好每一天！

深圳市龙岗区龙高集团东兴外国语学校　胡纾敏

点评：

每一个孩子都是上天派来的天使，偶尔会有那么一两个"折翼的天使"出现在我们的身边，这也是为了让我们更好地学习如何去爱。爱孩子，不能只着眼于孩子的现在，更应该为孩子的将来打算。帮助孩子养成良好的学习习惯，培养孩子刻苦学习的意志，才能让孩子未来的成长之路更加"平顺"，这更是教师最应该做的事。

请用"仁慈之心"呵护孩子

作为班主任，要平和耐心、从容自信地面对学生成长中的问题，记得6年前我班有一位来自福利院的孩子，因为身体残疾，4岁时被父母遗弃。由于缺乏关爱、没有安全感，他对周围的同学和老师都很抵触，经常打骂同学甚至辱骂教师。面对这样的学生，我决定用我的仁慈来感化他。

中秋节到了，我把他叫到办公室，送给他一块月饼，接到月饼后，他问道："老师，别的同学有吗？"

"没有哦。"

"那你为什么给我？"

我微笑着说："老师很喜欢你，这是老师奖励给你的，你就在这里吃了吧。"

以后的日子里，我发现他经常买一块钱的饼和一包凉奶作为早餐，我就把他带到办公室，帮他热好奶，有时带一些早餐给他。只要他有进步，我都会奖给他本子、铅笔、文具盒……

渐渐地，他对我的依赖越来越多。吃过午饭，他到校后的第一件事就是到办公室找我。为了不影响其他老师休息，也为了不让孩子因找不到我而失望，整整一年我没睡过午觉。每天中午，在宁静的教室里，我批改作业，他帮我翻本子；不批改作业时，我会给他读故事。起初，他会搬一把椅子坐在我旁边听，听着听着，他就会坐到我腿上，把头贴到我胸前慢慢地睡着……

慢慢地，不仅他打骂同学、辱骂教师的现象没有了，而且他主动承担了班级倒垃圾的任务。2011年秋，他被一美国家庭领养，临走时他一再强调，必须把老师送的礼物、班级同学的合影照带着，并把老师的电话号码认认真真地写在本子上！

通过这件事我明白了：小树苗的成长不仅需要修剪，还需要施肥、浇水，而孩子更需要呵护！

深圳市龙岗区龙城街道盛平小学　李东林

点评：

作为教师，需要呵护学生的安全，呵护学生的健康，呵护学生的尊严，等等。呵护需要用心，学生是有灵性的，虽然年幼，但是他们也能体会出什么是真爱。

确认过眼神，你再也不是"小暴龙"

班上有个名叫小鹏的学生，他的性格暴躁，和同学相处时常常有暴力倾向，是一只名副其实的"小暴龙"。不管我怎么苦口婆心地教育，分析暴力的危害，讲述团结友爱的重要性，但过了没几天，他就又故态复发。这不，前几天他因为玩游戏输了不服气，一拳打过去，把同学眼角打青了一大块，今天又是如此……

正在办公室批改作业的我，突然看见小安搀扶着泪流满面的小添来到我的办公室，后面跟着盛气凌人的小鹏。我立马先查看小添的情况，安抚了他的情绪，并确认孩子到校医室检查过已无大碍。然后，我抑制了自己的脾气，温和地对小鹏说："小鹏啊，前几天你才保证不会打人的哦。怎么回事儿啊？把今天发生的事情跟老师说说吧。""刚刚下课小添他们两个走在一起说我坏话！"小鹏怒气冲冲地说。"老师，他胡说！我们根本就没有说他坏话，我们两个只是在讨论体育课上的事情，然后我只是随意地看了一眼小鹏，他就过来踢我肚子了！""是的，老师，我们真的没有说他坏话！"小添和小安两人解释道。于是我又问小鹏："你亲耳听见他们俩说你坏话了吗？说你什么了？""我离得远，没听见他们说什么，但是，我从小添看我的眼神中，就知道他们是在说我坏话了！"小鹏瞪着双眼，像只活生生的小暴龙，但那倔强的模样却也有着说不出的可爱。此时我知道，光说理对于小鹏来说已经不再有用了。于是，我笑了笑，说："傻小鹏，你经常在班上唱的林俊杰的歌《醉赤壁》中有一句歌词叫什么来着？——确认过眼神，你是对的人。怎么到了你这里就成了——确认过眼神，你是骂我的人？"听了我的玩笑话，3个孩子都忍不住笑了。我拉着小鹏的手更靠近我的身旁，说："小鹏，老师知道你本性不坏，你只是脾气比较暴躁，控制不住自己的手和脚，你也知道打人不对，也不想打人，但在情绪控制之下又管不住自己了，对吗？"他点了点头。"那老师告诉你一种好方法，每次你和同学相处，想要发怒时，你就在心里反复念叨：我要冷静，我不要生气！我要冷静，我不要生气！你会发现你的怒火很快就熄灭了。""好吧，那我试试！"小鹏答应道。然后，我又把小添拉到小鹏面前，说："你再看看小添的眼神，重新确认一下，他是骂你的人吗？"小鹏不好意思地摇了摇头，还很主动地道歉了，小添也原谅了他。

从那以后，小鹏慢慢地学会了情绪管理，学会了控制自己的行为。班上关于他的暴力事件直线减少，偶尔爆发一两件，但总能很轻易地解决。当然，我还着力培养他的班集体荣誉感，经常让他为班级做做事、跑跑腿，对他的一丁点儿进步都及时给予肯定和表扬……同学们也都说小鹏现在很少打人了，变得乐于助人了。小鹏在一次作文上写道："确认过同学们的眼神，我们都是好朋友！"我也留下言："确认过眼神，你再也不是小暴龙！"

深圳市龙岗区平湖街道白坭坑小学　卢婷婷

点评：

冰心曾经说过，世界上没有一朵鲜花不美丽，也没有一个孩子不可爱，治愈一个个小小的心灵，对孩子的一生负责，是我们教师最大的成功！面对这只"小暴龙"，卢老师不是严厉教训，而是先用幽默的语言巧妙地化解当下的危机，再深入孩子的心灵去解开枷锁，从而驯化了这只"小暴龙"。

让爱化作幸福雨

从上学的时候就羡慕教师这个神圣的职业，梦想有一天我也会登上三尺讲台。几度风雨，几度春秋，转眼从事教育已经小十年了。回顾班主任的工作生涯，既有辛酸的眼泪，也有喜悦的笑容，这一切都来自与学生相处的点点滴滴。在我的记忆中，唯一忘不掉的就是每个学生天真的笑脸以及我和他们之间发生的每一个故事。

有人曾问我，面对性格迥异的学生怎么办？这个问题恐怕不是三言两语就能回答的，但有一点，空出一颗心容纳不同的学生，挖掘学生的闪光点，是每位教师都应该具备的素质。学生可能因为家庭环境的不同，具备了不同的个性，或如美玉般细腻，或如顽石般顽劣。但是丑石即使丑，也有其自身的特点，只要你用真心去对待、用爱去感化，就是顽石也能变成一块美玉。

没有爱的教育是苍白的，教师对学生的爱是无私的。有位学生柔弱易倦，言语动作细小无力，胆小忸怩，性格孤僻，学习成绩不理想。我看在眼里，急在心上，多次给她补课，耐心辅导，在生活上关心她、体贴她，让她明显感受到我对她的爱。在我的精心培养和锻炼下，她学会了独立学习、努力上进，更重要的是，她整个人都发生了变化，变得更加活泼开朗了。她的妈妈对我说："我的孩子遇到王老师就是福气。"这就是师爱的力量，教师只要有真诚的付出，定会有真诚的回报。

我们班还有一位性格孤僻的男生，易怒，总是给同学和老师留下不好的印象。可是有一件事让我改变了对他的看法。一天上班路上，见校门口围着一大群学生，我一猜不好，一定是他又发怒了，我跑到近前一看，果然是他挥动着小拳头，与大同学打斗呢。我立即制止了这场不该发生的打斗，把他叫到办公室询问原因。他哭着说："他们嘲笑我穿戴不整齐，要给咱们班扣分，可是我没有好的衣服。妈妈离婚也不能管我，我怕给咱们班扣分，所以才和他们争吵起来。"孩子的话使我震撼，这是一个多么有集体荣誉感的学生啊！我告诉他爱护班级的荣誉是对的，但打架是违反学校纪律的。他默默地点点头。此刻我的内心像打翻了五味瓶，我是孩子的班主任啊！我为这个孩子做过什么？我称职吗？深刻反思之后我和他聊了许多，和他谈了在逆境中成长的名人故事，告诉他："贫困的孩子只要努力一定会成功，老师相信你！"第二天，他穿着干净整洁的衣服来到学校，表情也不那么冷漠了，相反，是那么开心、自然。

就在发生打架事件后的周五，我召开了一次主题班会，主题是"让爱化作幸福雨"。通过表演快板、朗诵诗等形式，学生懂得了如何关照一位精神上缺少爱、家庭条件又不好的同学，受到了深刻的教育。此后，这名学生也能和同学友好相处了，在他的脸上再也看不到自卑的影子，只能看到喜悦和幸福的微笑。

教师的爱是无私的，它能唤醒一个枯萎的心灵，用爱浇灌的花朵才是最美丽的，用爱感化的学生才是最幸福的。

深圳市龙岗区平安里学校　王玲玲

点评：

苏霍姆林斯基说过："一个好老师意味着什么？首先意味着他是这样一个人，他热爱孩子，感到和孩子在一起交往是一种乐趣，相信每个孩子都能成为好人，善于跟他们交朋友，关心孩子们的快乐和悲伤，了解孩子的心灵。"

试用期

几年前带过一个这样的班：同事们戏称"上完他们班一节课感觉职业生涯到头了"！这样的班级自然免不了科任教师的投诉，这不，刚下课美术教师就来吐槽："那几个捣蛋鬼啊，上课的时候随意走下座位，有的打扰其他同学，有的就做些搞怪的动作引得全班学生哄堂大笑……"

震怒之下我决定去把那几个捣蛋鬼找来，给他们点"颜色"看看，原本以为捣蛋鬼们到办公室会害怕，只见他们进来后围着我的桌子转，见我的桌子上有糖还向我要糖吃，看见作业本说："老师，我来帮你抱"。这个时候我灵机一动，对啊，机会来了！于是我给他们几个每人一块糖并告诉他们现在就可以吃了。等孩子们吃完糖后我就对他们说："现在你们吃了我的糖，得帮我做点事情了吧！"孩子们急切地问："什么事情"。我回答道："抱作业，组长把作业收到老师办公室，等老师批改完后，你们几个负责发给每个同学手上并监督订正错误。"这可是小组长、班干部才能做到的事情啊（"捣蛋鬼"们几乎没有可能）！多光荣啊！他们立即应了下来。后面我接着说条件："上课认真听讲、不说话、不打扰其他同学，并且要有一个星期的'试用期'，在这一个星期内能做到以上几点，这项光荣的任务就交给你们，并且这是我们几个人之间的秘密，不能说给任何人。"期待中的一个星期有点漫长，孩子们勉强通过了"试用期"，拿到了这份工作，"上岗"之前我告诉他们要再接再厉继续保持，"只要其中一人违反了我们约定之中的一条，我将会换人，并且是几个一起换，所以他们要相互监督"。

待我们约定好之后，课堂上他们有一点点动静，我就会对他们说："你们答应过老师什么呢？我们之间可是有秘密的呦！"就这样，捣蛋鬼们不捣蛋了！

深圳市龙岗区华中师范大学附属龙园学校　李月琴

点评：

当学生犯错误的时候，教师常常习惯用说服教育，反复地说教，有时候不仅不能解决问题，还会适得其反。教师充分地相信学生，还同学生约定小秘密，拉近了师生之间的距离，慢慢地学生就会朝教师期待的方向发展。

碎纸大王变身记

首先给大家介绍一下故事的主人公：小文，男，今年8岁，上小学二年级！他，弯弯的眼睛，萌萌的微笑，长得可爱极了。但是谁能想到这么一个高颜值的小帅哥居然是制造垃圾小能手，任何纸到他手上不出几秒钟就变成片片雪花，飘落一地。人送外号：Oh，my god！

如果是以前的我，肯定会找到小文对他说教一番，然后再派两个监督员盯着他。而现在的我知道这种说教、派监督员的方式都是用外力去影响孩子，属于他律。只有运用激发孩子内心需求的方法，让他自己改变自己的行为，才能达到自律。为此我为碎纸大王量身定制大片——变身记。

第一集：心理暗示——我能行。

那天我提前到教室，把小文叫了过来："小文，你能帮老师收拾一下讲台吗？""好啊！"他动作很快，摆摆这，摸摸那，一会儿工夫就把讲台的东西整理好了，比我想象中好多了。我故意把声音放大说："哇！小文，原来你收拾东西这么厉害啊！又快又整齐，这粉笔、这毛巾！真的太棒了，我要给你点赞。"旁边的学生也过来围观，纷纷表示小文收拾的讲台很整洁，用眼神给小文点赞。这时小文羞涩地笑了笑，又拿起毛巾在讲台边擦呀擦，那样子真可爱。

就这样小文成了我"御用"的课前讲台助手。在小文的内心里，或许已经开始觉得自己很擅长收拾讲台了，心理暗示有效。

第二集：正面强化——我最棒。

下课的时候我拉着小文说："小文，我想告诉你一个小秘密，只告诉你呦！明天早上我要检查抽屉，而且要选出最整洁抽屉。你准备一下，我觉得你应该可以获奖。"小文高兴地做了一个OK的手势。

第二天抽屉大检查时，果然小文的抽屉最干净整洁、一尘不染。恭喜小文顺利获得最整洁抽屉奖。从那以后的一个星期，我每天课前都会亲自去看看小文的抽屉和地板，只要我发现他有进步，就会在全班同学面前大力表扬他的进步与坚持。每天给他一次正向强化，让他坚定自己是个整理高手的信念，正面强化有效果。

第三集：赋予使命——我担当。

在推选5月份的卫生班长时，我推荐了小文，全班同学一起鼓掌通过，就这样小文成了我们的卫生班长。当我帮他带上"卫生班长"工作牌时，他站得笔直，表情严肃。或许就在这一瞬间，使命感降落到他的身上。带着这样的使命感，他时刻都不忘盯着地板上的小碎纸，常常提醒其他同学注意整洁。令人惊喜的是，自从他当上了卫生班长，我们班的卫生就没有被扣过分，因此我们班被评为5月份的文明班。当然，我选了小文作为班级代表上台领奖。

看着曾经的碎纸大王笔直地站在领奖台上，我莫名地激动。我为他拍了很多照片。我想，这一幕一定会深深烙印在他的童年记忆中，也一定会深深烙印在我的回忆中。每个孩子的花期不同，盛开方式不一。用心观察，量身定制，为你独享。

深圳市龙岗区兰著学校　彭惠婷

点评：

特别喜欢文中的一句话"每个孩子的花期不同，盛开的方式不一"。作者是一位非常有爱又愿意思考的教师。如果学生能遇见这样的教师，那将是这个家庭的幸运。用心灵呼唤心灵，用智慧启迪智慧。

他，心里有了阳光

记得刚上一年级的时候，个子小小的，总喜欢上课站起来玩弄小玩意，或走出座位，或找人说话，或转头翻弄别人的文具，谁说什么他也不理，除了玩什么也不干，让人非常头疼。每天听着老师和同学的"投诉"，我气不打一处来，立即叫他把家长请来，于是他的奶奶来了，我这才知道：他三岁时，父亲因病去世，第二年，母亲改嫁，爷爷受不住打击，也离开了，家里就剩下他和奶奶相依为命。奶奶为了弥补他缺失的爱，格外宠着他，想要什么都尽量满足他，于是造成了他这种随意和任性。看着奶奶苍老的面容，听着她哽咽的话语，我的心久久不能平静。

俗话说："冰冻三尺，非一日之寒。"我必须慢慢地来，我深深地吸了一口气，心里想着：孩子，这都不是你的错！就让老师陪你一起加油吧。放学后，我拉着他的小手一起在操场上散步，一起看树下的蚂蚁窝，一起看专栏里的大字，一起玩图画上的迷宫；课间，他像是我的一个小秘书，课前帮我拿课本，课后帮我搬作业，有时我忽然有什么事情，都立即让他当小助手。有时我还会故意说有点饿了，然后和他一起分享水果、饼干……苏霍姆林斯基说："在每个孩子心中最隐秘的一角，都有一根独特的琴弦，拨动它就会发出特有的音响，但需要同孩子的心弦对准音调。"我相信，有爱就有教育。

就这样，经过一段时间，他变了。上课时，只要我们的眼神一对上，他就会迅速地把桌面上的玩具收起来，装作在听我的课；从不交作业的他，也时不时地写了一些，虽然字迹歪歪扭扭，本子也是皱皱巴巴的，但是我会在他的本子上画上一个开心的笑脸。他也慢慢地认得一些字了。我把这些喜讯一一地向奶奶汇报，让她分享我的快乐。到一年级结束的时候，他终于学会了拼音。我高兴得不得了。

第二年一开学，他说："老师，我要当领读小老师，当午休纪管员！""行！"我满口答应了他。初尝胜利喜悦的他信心满满，刚过了一个星期，他又来找我，让我推荐他参加学校的书法兴趣小组。我去了趟书法室，跟书法老师沟通了一下，他如愿进入了书法班！看到他一点一点进步，一步一步迎着朝阳前进，我由衷地感到欣慰。

如今，他已经上四年级了，每当在路上碰见我，总要开心地与我打一声招呼。而我也会像老朋友一样拍拍他的肩膀，微笑着和他聊上几句。

深圳市龙岗区龙城街道盛平小学　石燕香

点评：

班主任都有一颗超级爱心，学生的进步就是自己最大的幸福。特别是对一些"特别"的孩子，教师往往会格外关注。常言道："良言一句三冬暖。"我们给他一缕阳光，也许可以照亮他的生命。所以，欣赏每一个孩子，不要给他们贴任何标签，用心指引他们前进，是我们每一位教师的责任，也是教师对学生的爱的最好诠释。

用爱感化，呵护成长

班主任的工作纷繁复杂，有时令人眼花缭乱，甚至顾此失彼。因为班主任要面对的是几十颗纯真的心，是几十个复杂多变的内心世界，班主任也经常会为孩子的种种问题行为苦恼。

说起小伊，一个倔强、顽皮、自尊心极强的孩子，在她身上，我没有发现女孩子文静、乖巧的一面，她的顽皮、淘气，丝毫不亚于小男生，而且对学习也没什么兴趣。例如，上课时，在同学后背上贴小纸条，排队时总爱推挤，经常故意躲起来，让老师急得团团转……尤为严重的是，有几次，只因为同学不小心碰到了她，她就拿着尖尖的铅笔去戳同学的手臂，或者在课间搞恶作剧，把同学的书包或美术学具藏在洗手间。面对这样的孩子，我该怎么办呢？批评她？试过，但效果不理想，加上她的性格倔强，硬碰硬肯定是行不通的。我反复考虑，决定换个方式。

一、及时与家长沟通，形成合力

我想，孩子的问题行为肯定是有渊源的，于是我进行了家访，了解孩子的家庭背景和父母的教育方式。在家访中我了解到，小伊的父母平时忙于生意，缺乏正确的教育理念和管理方式，对孩子的教育分为两个极端——"放养式"加"简单粗暴式"。夫妻俩平时无暇辅导孩子的学习，甚少沟通，基本全靠孩子"自觉"，但当孩子行为出现偏差，成绩下滑时，不是有效、用心地沟通，而是采取简单、粗暴的方式。针对这种情况，我先从孩子的家长方面着手，平时和他们及时沟通，了解、反馈孩子在家、在校的情况，及时提供有效的教育方法，用我的实际行动取得他们的信任和支持。同时，为了使家校沟通更有效、更及时，也为了激励孩子每天进步一点点，我给小伊准备了一本特别的记事本，名为"天天向上"，家长和科任教师都会对她每天的表现进行点评、记录，进步的方面大力表扬，不足的地方鼓励改正，让孩子慢慢建立起自信心。

二、帮助孩子，用爱感化

鲁迅先生曾说："教育是植根于爱的。"是啊，没有一个人不渴望得到爱，更何况是孩子，而往往我们印象中那些不值得被我们爱的孩子反而是最缺乏关爱、最需要爱的。

面对这个孩子，我要做的是给予她更多的关爱和帮助。我把她的家庭辅导老师请到学校，跟她沟通孩子的学习情况，指导她如何帮助孩子制订学习计划，培养孩子养成良好的学习习惯，辅导孩子复习、预习、完成作业，等等。上课时，我把小伊调到第一桌，并安排了一个学习优秀、行为习惯好的孩子与她同桌，这样做一方面是想督促她、约束她，另一方面是想让她向好榜样学习，多给她发言的机会，让她上课有事可做。课后，我组织全班给她举办生日会，唱生日歌；请她当"班主任助理"，负责帮我拿教学用具，或者做一些小事；创造机会亲近她，了解她的想法，给她讲良好品行方面的故事，引导她与同学和睦相处。

三、寻找闪光点，抓住契机，给予成功的体验

小伊虽有许多不良习惯，但她跑步特别快。于是，我在学校举行的家庭接力赛上，邀请小伊家长参加。小伊妈妈非常乐意，并感谢我为她提供一个这么好的机会。不负所望，他们在家庭接力赛中获得了第一名。我在班会课上大力地表扬她勇敢、积极地为班级争光。从那以后，只要她有一点进步，我就及时给予表扬和鼓励。渐渐地，我欣喜地发现她进步了：与同学的矛盾少了许多，恶作剧也很久没有上演了，学习上比以前积极了，作业不仅能按时上交，还写得很工整。

从小伊身上我明白了：其实，每一个孩子都是一本书，需要我们用心地读懂。无论是怎样的孩子，只要用爱心、耐心和赏识心，呵护他们成长的每

一步，及时鼓励和肯定他们的点滴进步，在他们身上就会产生"罗森塔尔效应"，他们都将会给你一个惊喜。

深圳市龙岗区依山郡小学　曾琳燕

点评：

赫尔巴特曾经说过："孩子需要爱，特别是当孩子不值得爱的时候。"美国心理学家威谱·詹姆斯说过："人性最深刻的原则就是希望别人对自己加以赏识。"每一个孩子都渴望被爱、被肯定。作为教师，要将爱进行到底，将爱智慧化、艺术化。慢慢地，你会发现，其实，爱一个看似"不值得"爱的孩子，也会让你感觉到美在其中，妙不可言。

特别的生日礼物

我和孩子们的故事每天都在继续着，在我的脑海里，有些故事已经模糊，有些故事已经没有了足迹，但有一个故事却让我记忆犹新，因为它改变了我。

刚毕业不久的时候，初为人师的我，恨铁不成钢，常常因为学生的错误，对学生严厉说教一番。那是一个早读课，我刚走进教室便有学生站起来告状："老师，小华一早来到教室就在黑板上乱画。"听着学生的汇报，我的脸色不由得阴沉了下来，我厉声说道："你个调皮蛋，谁叫你在黑板上乱画的？"小华低着头，涨红着脸："我……我……"说不出话来，我严肃地说："一日之计在于晨，早上的时间是很宝贵的，读读书、背背书，抓紧时间学习才有进步呀！你一天到晚就知道玩，整天调皮捣蛋的，今天又在黑板上乱涂乱画，你看看你！说说你为什么在黑板上画乱七八糟的？"只见他站在一边，脸涨得通红，好半天才低声说道："今天是老师的生日，我想在黑板上写'祝老师生日快乐'，觉得写得不好，擦了想重写。"说完就委屈地哭了……我愣住了……没想到事情是这样。他是在用自己的方式祝福老师呀，而我却不分青红皂白地骂了他一顿，我惭愧极了，蹲下身子，抱着他说："小华，谢谢你给老师的生日礼物，老师在没了解情况之前，不该批评你，请你原谅老师，好吗？"他看了我好一会儿，说："嘿嘿，老师没关系！我原谅您！今天是您生日，生日快乐！"然后他挠挠脑袋，不好意思地笑了，这笑容如阳光般灿烂。而我呢，一整天都在为自己早上的行为感到懊恼，不停地反思自己。

从那以后，我改变了，在教育孩子之前，会先去倾听孩子的心声。

深圳市龙岗区平湖街道白坭坑小学　卢婷婷

点评：

是啊，很多时候，我们总是站在自己的角度去评价学生，不做深入的了解，使他们受到委屈，有时甚至会使他们心底的那份美好愿望逐渐消失，使他们最终失去了前进的动力。我们应该走近学生，亲近学生，与他们真诚地交流，聆听他们的心声，让爱的光芒包围着他们。

童心传递

他，很特别——行为习惯极差，脾气异常暴躁，拒绝接受老师任何程度的批评，随意发脾气，甚至打同学，严重干扰课堂。

为了避免其他同学受到影响，班级人数刚好又是单数，我便让他坐在了最角落的单人位置。可是情况依旧很糟糕，他各种不理性的行为导致每节课都会受到老师的批评，他边哭边喊，推桌子，扔水瓶，撕书本，甚至摔门而出。

那时刚刚开学，一年级的孩子一刻也离不开老师，我没法丢下整个班级的孩子去处理他，只能冷处理，等他气消了之后再慢慢和他谈。

唯一让我庆幸的是，他冷静后能听进去老师的话，每一次我都抱着希望期待他的改变，可每一次我都很失望。我想发现他的闪光点，以此来鼓励他，可是他不学，不会，行为习惯各种差。我不禁问，一年级孩子的童真在哪儿？

作为一个已经有几年教龄的教师，也遇到过一些调皮的孩子，可还真没遇到过他这种有情绪狂躁症的孩子，我一度不知所措。

我重新调整了位置，让一位优秀的、很可爱的小女孩当他的同桌，这位小老师总是尽心尽责地教他，在他犯错误时，竖起可爱的交叉手；在他乱说话时，做个可爱的闭嘴姿势；在他哭泣的时候，递给他纸巾，并拍拍他的肩膀。在小老师的带领下，他明显变安分了很多，小老师做什么，他做什么，我为此欣喜不已。

接下来，我给他制定了一份专门的评价表，评价标准有三个方面：不欺负同学、上课不乱跑、不发脾气。根据这个评价标准每节课对他进行评分，每天算总分，一发现有进步就表扬他，被表扬的他天真地看着我，小手乱晃，那是我第一次发现他是如此可爱。

我并没有告诉小老师应该怎么做，可每当他有进步被表扬时，他的小老师都会非常开心地对他竖起大拇指，低年级的孩子就是如此可爱，他也很害羞地用头蹭蹭同桌的肩膀，然后咧开嘴笑。

渐渐地，我发现他偶尔认真听课了，我不停地找机会，让全班同学表扬他，获得全班同学赞扬的他越来越像个阳光少年。对于老师的批评和教导，他也慢慢能够倾听并控制情绪。

原来童心也可以传递，原来教育如此简单。

深圳市龙岗区华中师范大学附属龙园学校　辛　颖

点评：

每一个孩子都有一颗童心。作为教师，我们要善于发现学生身上那最纯真、最无邪的一面，让一个孩子带动一群孩子，让一群孩子带动一个班级，这样良好的氛围，让班级建设更轻松、更高效、更有趣。

我爱我班

班级是学生成长的摇篮，是学生活动的基地，是陶冶学生的熔炉。作为一名班主任，我深知班级一定要树正风、正气，形成自我教育、自我约束、自我激励、自我进取的大课堂，我努力把班级创建成一个健康向上、团结友爱、朝气蓬勃的良好班集体。

记得刚担任班主任那会儿，火气比较大，很容易在课堂上发脾气批评学生，有时弄得自己也很难堪下不了台。我发现用这种方法批评学生，表面上学生服气了，但他们只是迫于我这班主任的威严，心里并不服气。后来，我在班主任工作中不断地反思和探索，也摸索出一些行之有效的方法。例如，"退三进一"。老虎等凶猛的动物在进攻前先向后撤退，为什么撤退呢？是为了更好地向前进攻！我们批评学生的一个缺点前，不妨先表扬他的三个优点，此谓"退三进一"。看似"退让"其实是发现学生的闪光点。作为班主任，应该善于捕捉每一个学生身上的闪光点。或许只是一个小小的闪光点，但我们可以通过这个小小的闪光点，挖掘出埋藏在学生身上的大金矿。苏联著名的教育家马卡连科曾经有这样一句话："用放大镜看学生的优点，用缩小镜看学生的不足。"

如何营造良好的班级气氛？在班级理念上，我主张：积极的人像太阳，照到哪里哪里亮。这个理念一直贯穿于班级管理的整个过程。我为班级设计了两套独特的掌声：一套用于鼓励自己，另一套鼓励他人。通过这些理念和掌声，激发学生的斗志。在学习上，我大张旗鼓地鼓励学生向老师发问；纪律上，我积极主张邝根生老师提出来的"先专政后民主"，一个班级必须要有铁的纪律，一切行动听指挥，步调一致才能取得胜利。凡是违反纪律的学生一定要受到处分，而且班主任一定要坚守自己的原则。在处理违纪的过程中，必然会有少数学生对于处理不满意，那么班主任在这个时候应该马上进行疏导，这就是"法"和"情"的关系，因材施教、因人而异地处理问题，这才是班主任的工作原则。

最后，我想用这句话"特别的爱给特别的你，真诚付出，特殊关爱，不让一个学生掉队"作为自己的座右铭，以各位优秀教师为榜样努力做好班主任工作。

深圳市龙岗区平安里学校　王佳佳

点评：

有句话说得好："赏识导致成功，抱怨导致失败。"孩子们正处于身心发展阶段，他们的天性就是好动、爱说，对什么都感到好奇。即使再调皮捣蛋的孩子，也有其优点和缺点。因此，作为教师，首先应去掉"有色眼镜"，热诚地发现他们在为人处世、学习生活等方面所表现出来的优点和进步，看到优点就表扬，发现长处就扶持，有了进步就鼓励。孩子们在诚挚而又恰如其分的表扬、扶持和鼓励中会逐渐消除自卑，增强自信，在荣誉感与成功体验中发现自我价值，激发奋进的动力。

心灵的秘密花园

　　"不知道为什么，当老师把他从我身边调离时，我伤心极了。我的泪无数次在心里流淌，我不知道我这是怎么了，难道我喜欢上他了吗？"这是我批改作业时，在一本属于小怡的练习册里看到的。一个让我头疼的词第一时间充斥了我的头脑，这真是一个棘手的问题。尤其是对于正处在懵懂期的孩子来说，这样的感情更是让人有种扑朔迷离的感觉，是"堵"还是"疏"呢？我有些迷茫，暂且放一放吧。我把纸条特意放在了我批改的那一页，让课代表拿去教室发下去，然后风平浪静地走进教室上课。那节课，小怡带着似躲闪、似恐慌的眼神听着我讲课。

　　放学了，大家都快速地收拾书包回家，只有小怡磨磨蹭蹭的。"小怡，你今天比较慢，那你就留下来负责锁门吧！"我想她一定是有话和我说，但找不到机会，不如我就来个顺水推舟吧。小怡点了点头。学生们陆续离开了教室，只剩下等待锁门的小怡。"老师，今天练习册上的纸条，您看到了是吗？"她的声音是颤抖的。"嗯，是啊。"小怡的脸变得更红，头更低了。

　　"小怡，别太紧张！其实你的这种想法是正常的，因为这是你成长过程中的一种正常的心理活动，老师也是从学生时代过来的，也有过和你同样的问题。但是小怡，冬天开放在室外的玫瑰是经不起风霜的，因为不符合自己的生长规律。"我用手轻轻地搭着她的肩膀，和她一起走向早已空无一人的办公室。

　　"想知道老师有什么妙招度过这种特别的时期吗？"我调皮地问道。小怡点了点头。我打开抽屉："老师送你一个神奇的盒子，我给它取了一个好听的名字，叫作秘密花园。如果你发现对方的一条优点，就写一张纸条，投入左边的小口；反之，你发现对方的缺点，也要写一张纸条，放入右边的小口。一个月以后，如果感觉自己再也找不到对方的优缺点时，就打开盒子，数一数哪边的多。"小怡半信半疑地接过宝物。

但不到半个月，小怡便抱着盒子来找我，说把宝物还给我，还对我意味深长地一笑。我也不追问，因为我知道她已经走出了那个拐角，跨过了青春的小萌动。

深圳市龙岗区平湖街道白坭坑小学　卢婷婷

点评：

这个"秘密花园"虽然不起眼，但是却给了孩子们观察的时间和思考的空间，让他们从两方面去看先前完美的王子或公主，让他们学会用自己的眼睛去观察，比空洞地讲大道理效果要好多了；这个"秘密花园"更是解除孩子心中愁绪的那颗温暖的太阳。卢老师的这招实在是"妙"。

心　痛

教书的时间长了，会遇到各种各样的学生，有一个学生，我从未忘记，他叫小勇。

认识小勇是在他读三年级的时候，老师们在办公室里闲聊的时候说起他。我从小勇的班主任口中大概知道了他是个捣蛋、不羁、软硬不吃的"小魔王"。当我教他的时候他已经五年级了，我终于领教了他的"本事"：上课不专心，作业想做才做，爱招惹人，经常把弱小的同学打哭，惹怒强壮的同学……

有一次考试，他居然很认真地在那里写啊写，一直没抬过头，我暗暗欢喜。我改到他的试卷时才郁闷不已。原来他自己用蓝笔帮自己批改了，全都打了勾，还在卷首写了一行歪歪扭扭的字"老师，你说我改得对不对？如果对请打√，如果不对请打×"。更离谱的是他的作文上有一个个暗红发黑的血指印，指纹清晰可见，也不知道他抠破了哪个伤痂用手指沾上血印上去的。血印从下往上像一条弯弯曲曲的小路，每个印子里写了一个字，串起来就是"仇人的血手印！哈哈！"让人恶心到吃不下饭。

随着科任教师对他的投诉越来越多，我多次找他进行说服教育也没什么效果，于是我和科任教师决定家访。

来到小勇的家，小勇的爸爸招呼我们坐下后，教数学的刘老师先反映了小勇的在校情况，小勇满不在乎地坐一旁听着。没等刘老师说完，小勇爸爸已经火冒三丈，他突然把手中热腾腾的一杯茶泼向小勇。我们都失声惊叫起来。但是我们只是虚惊一场，像猴子一样机灵的小勇在他爸爸把茶泼出的一瞬间，已经倏的一下钻进了身旁的八仙桌底下了，还在桌子底下得意地做鬼脸呢。小勇爸爸愤愤地对我们说道："老师，我也是对这混蛋没办法才这样的！"接着小勇爸爸向我们诉说小勇的"劣迹"。

事件一：小勇二年级时在家里玩火，把腿脚不便的哥哥烧死了。

事件二：寒假，小勇用家里电话拨打点歌热线花了五千多元，小勇爸爸气得报停了电话。

事件三：村委书记每个星期让司机送村里的孩子到书城买书，司机知道小勇顽劣没让他去。结果人家去到半路，小勇就打电话给司机，谎称司机家里发生火灾了骗他回来，把司机气得牙痒痒。

…………

小勇爸爸越说越激动，完全听不进我们的建议，他抄起棍子追着小勇打，我们只能一个劲儿拼命拦着。小勇每躲过一棍就做一次鬼脸，小勇妈妈则在一旁怯懦地默默哭泣。小勇爸爸咆哮着明确表示放弃对小勇的教育。此后，小勇对老师也抱着戒心。后来我调到另一所学校，听说小勇升上初中后他妈妈就去世了。经此变故，小勇爸爸对他不闻不问，小勇更是无心向学。初三毕业后没考上高中就跟着社会青年闯世界去了，再后来就因为打群架把别人刺成重伤坐牢了。

教小勇的时间虽然不长，每每想起特别令人唏嘘。让小勇变成这样的根源是什么？很值得我们思考……

深圳市龙岗区平安里学校　梁蝶娜

点评：

众所周知，教育从来不单单是学校单方面的事情。小勇爸爸工作辛苦，生活压力大，一有不顺就打骂孩子，孩子出了问题没有好好沟通，也拒绝来自老师的协助，放弃教育孩子让其自生自灭，只会把孩子逼上绝路。教育要出成效，就要得到来自家庭、社会等方面的支持，只有学校、家庭、社会三方面形成教育合力，才能让青少年的健康成长成为可能。

信赖，创造美好

不知道从什么时候起，"班主任"这个词已经变得人人敬畏了，敬畏它包罗万象的同时，也敬畏它烦琐的点点滴滴。除了暑假可以渐渐忘却自己身上的担子之外，其他的日子里，无论白天和黑夜它都如影随形，那是一种无形的存在，却有着它独立而无法逃脱的场。于是，在担任班主任的日子里，很多人都很无奈地想说，爱它不容易。因为这个活儿，努力才能算称职，尽力也不见得有多大成就。寻寻觅觅中，我也是在跌跌撞撞中前行，在辛苦之余不时也有一些小欢喜，我最喜欢和孩子们说的便是我们在一起。

一、开学之初，心理相容，我们在一起

每接手一个新班，千头万绪，和老班主任交流摸底，仔细研究来自家长的信息，班级干部队伍的建立，上第一课前费尽心思地布局……因为类似种种，也许有很多个无眠的夜晚，可是当出现在学生面前时，我一定是饱含着激情和满心欢喜的。正如一个孩子满怀畏惧地瑟缩着小身子走进幼儿园时，如果他看见的是一张张满是忧愁的脸，我想这对于老师来说，可能只是一种心情，但对于孩子来说，或许是一场噩梦。开学之初，孩子们对班主任也抱有很多期待，同时也对班集体的何去何从有很多的惶惑。所以第一次见面，什么都可以摒弃，唯有笑容，唯有"我们在一起"一定要重复再重复。因为我需要他们能先有一颗安定的心，告诉他们这个集体值得他们托付和信任，这是我们的家，进了这个门便是这个集体中的一分子，是小组里不可以缺少

的唯一。当学生小小的心看到老师肯定的眼神，看到熟悉的同桌和自己在班级里立即就拥有的小小担当，怎么会不投入班级温暖的怀抱中呢？

二、面对评比，把握契机，我们在一起

班级是学校最基层的组织，面对一系列的学校管理措施。例如，值日生管理、两操检查、大阅读及课间的量化评分等，这一项项都涉及班级的集体荣誉。这时的我不是布道者，不是监管员，而是解说员，我会把奖惩措施一一说给他们听。例如，若获得月文明班一等奖，我会奖励班级100元。我列出明细，让他们知道目标，也知道老师之所以让每件事情都有人负责是有目标的，每个岗位中同学的付出也都是值得的。这奖励看似只有100元，却拥有高于自身不知道多少倍的教育价值和集体动力。当然难免有学生会不时闹出点儿扣分的事儿，这不重要，相信他自己会先在行为上进行自我反思，因为集体的凝聚力会让他感到足够的压力。作为班主任，我在班上要说的只是让他拿回那张属于他的扣分单，无须更多的语言，因为他知道在班级里，我们在一起，唯有多付出，方能赢得同学对他的谅解。

三、硝烟四起，共情相惜，我们在一起

学生正值青春年少、活力四射，磕磕碰碰在所难免，有些是故意为之，而有些是无心之过。这时我们就要擦亮自己的眼睛，在深入调查的情况下，注意和学生谈话时捕捉他们的眼神，很多时候答案就在他们闪亮的眸子里面。而我们在他们面前需要做的仅仅是，即使内心再怎么波涛汹涌，也要把眼神放得平和淡定。这是一种潜暗示，我试过，很多孩子都能够迅速平静，然后从自己开始剖析原因，每个人都先从自我进行反思。作为班主任，往往等我要开口的时候，已经不是判官，而是感情凝固剂，站在双方的角度再说说，没有任何惩罚，让他们双双拉着手欢喜地出去，此时我的心也会和他们一样欢欣雀跃。原谅他人的无心之过，冷静自己的坏情绪，给予空间让他们自己思考，相信他们有自我剖析的能力

四、挖掘潜能，展现魅力，我们在一起

班级里总有一些成绩落后的学生，因为基础薄弱，到了高年级，课堂

上更是对老师所讲的内容不明所以，难免走神捣乱。其实更痛苦的是他们自己，教师因为教学进度或为大多数学生着想，难免会批评他们，很多时候这样的学生貌似不在意，其实内心的震动和成绩好的学生并无两样，他们继续嘻嘻哈哈只是他们不适当的自尊过度的表现。作为班主任，我们往往多一些机会和学生交流，和家长交心。例如，轩同学非常努力，可是学科成绩总不尽如人意，但是我知道他是课外拉丁舞班的佼佼者；杰同学很难安静地听课，成绩一直在中下游徘徊，可是在生活中他是一把好手，不仅能独立安排好自己的生活，而且能够帮爸爸准备丰盛的午餐……当我把这些生活中他们不为大多数同学知晓的优秀，让同学们都知道，在班级里他们所表现出来的不仅是高昂的小脑袋、笔挺的小脊梁，更是那颗高贵的心。他们相信在生活的舞台上自己不是一个孤独的舞者，因为我们在一起，每时每刻尽力做好自己。

借用五年级语文课文里的一句话"信赖，往往创造出美好的境界"，我们在一起，我们在一个班级，心相依……

深圳市龙岗区盛平小学　李凤平

点评：

著名的教育家魏书生曾这样说："班级就像一个大家庭，同学们如兄弟姐妹般互相关照、帮助，互相鼓舞着、照顾着，一起长大了、成熟了，便离开这个家庭，走向了社会。"可以说，一个班集体就像一个大家庭，家庭氛围好坏，对每一个成员的成长都有着至关重要的影响。而要让班集体健康、良好地运作，班级凝聚力就成了关键。李老师善于从高处着眼和从低处着手，班集体的凝聚力在一个个活动中，在生生之间、师生之间的共情中水到渠成地形成。

不要吝啬给学生改变的机会

我们班有个叫余子敬的男生，头脑聪明，思维敏捷，可就是学习态度马虎，特别是作业态度极度不认真，语文、数学都一样，虽然正确率挺高的，但写的字像一条条蚯蚓，让人看了极不舒服。他的作业从来没有得过一个"优"。虽然科任教师苦口婆心地教育了他千万遍，可就是效果不明显，真是让教师伤透了脑筋。

一次，我又改到他马虎了事的课堂作业，气不打一处来。但这一次我控制了自己，没有大声地呵斥他，而是把他叫到跟前，轻轻地问他："这作业……你满意吗？"他摇摇头。"你认真做了吗？"他还是摇摇头。我鼓励他说："你很聪明，认真做一定能得'优'！老师相信你。"听了这话，他的脸上顿时漾起一丝笑意。我看时机已经成熟，便趁热打铁道："你想得'优秀'吗？"他点点头，我立即让他把作业本拿回座位。

下午，我一到教室，他便把自己重新做的作业递了过来。乍一看，还没有达到能够得"优秀"的标准，但毫无疑问，已经有了很大的改观。于是，我毫不犹豫地在他的作业本上打了个"优秀"，以表扬他的进步。这可是他本学期得到的第一个"优秀"啊！

接下来的日子里，每次作业我都心平气和地问他："你满意吗？"不满意时，他就主动拿回去重做。就这样，他的作业慢慢地好了起来。

学校本身就是允许学生犯错的一个地方，哪一个人没有在学校犯过错误呢？只要学生认识到了自己的错误，并能及时改正，那就是一个好学生。对一些犯了小小过失或者错误的学生，教师要多一分宽容、理解、耐心和教育机智，不要把事情想得那么严重和绝对。

深圳市龙岗区平安里学校　王佳佳

点评：

很多时候不是缺少千里马，而是缺少伯乐。作为教师，我们应该善于发现学生的优点，多鼓励学生，激发团队的热情！我们要多赏识学生，把他们当成天才来培养，不要吝啬自己的鼓励和表扬，因为每一次鼓励、每一句表扬，都可能带给学生一次成功的机会，而这次成功，说不定会改变他的一生！

一份"快递"，两份真情

照片里这个呆萌可爱、腼腆微笑的小男孩，再一次推开了我记忆的大门。他是谁？没错，他就是那个曾经扬言讨厌我，说我是坏人的小男孩——小杨同学。

小杨，一个长得精神、憨憨的小男孩。他可是我办公室的"常客"。课堂上的他像一只顽皮小猴，总爱制造各种"惊喜"。一会儿弄弄女孩子的头发；一会儿敲敲桌子，故意发出响声；一会儿突然尖叫，吓坏其他同学。经常在上课时趁老师不注意就跑出教室玩儿去了。好多次想把他"哄"回来，他还发脾气，坐在地上不起来。要是你稍微批评他，他就会双手捂耳大喊道："我不听，我不听！"要是你态度严厉些，他就更加肆无忌惮地大哭大闹："我讨厌你，你是坏人！"

很多个夜晚，我都辗转难眠。我开始反思：面对这样的学生，我该怎么办呢？严厉批评、训斥？显然是苍白无力的，因为他已经开始"讨厌"我了。或许是我的训斥过于严厉，或许是我的目光里不经意间投射出的愤怒和不友善，让他讨厌我了。而这些训斥的话语、愤怒的举动，有可能让小杨受到同学的排挤和冷眼，进而影响到整个班级的正向成长。回想起对待小杨的态度，多少会有点儿自责。因为，当他做错事的时候，我并没有给他足够的包容、理解与关爱。想到这里，我决定改变态度，采取"攻心"战术：以柔克刚，以心交心。课余常找小杨聊天，向他表示我的善意。在他做错事或情绪控制不住时，尽量先冷处理，然后再心平气和地与他沟通。同时，我悄悄地观察他，寻找他身上的闪光点和兴趣点。

　　渐渐地，我发现小杨也有可爱的一面，他会很大方地把画笔借给同桌；他还很积极地帮老师拿教具。有一次，我当着全班同学的面，走到小杨面前，顺手把刚收上来的作业递给他，郑重其事地对他说："孩子，我要聘请你做我的小助手，帮老师把作业搬到办公室吧。"他愣了一下，然后迅速接过作业，飞一般地跑向办公室。等我回到办公室时，看见作业整整齐齐的，显然是重新整理过，而小杨站在桌子旁，一脸欣喜地说道："老师，您的快递已送到，我刚刚放好了。"我微笑着点点头，摸着他的小脑袋说："谢谢你，可爱的快递小哥。从今天起，你就是班里的'快递员'了。"他摸摸脑袋，微微低下了头。那一瞬间，我注意到他不好意思地笑了，眼神里流露出从未有过的快乐与感动。

　　从那以后，他成了我的特聘"快递员"，每天都准时地把"快递"送到我的办公室，并把它摆放整齐。一份"快递"，就这样传递了两份真情：一份充满了温暖与信任，一份传递着包容和期待。

　　如今，小杨已上初一，转眼已有4年未见，但这4年里，每一个节日，他都会给我发一条问候的短信，而每每看到他的信息，我心中总是充满感动和庆幸。

　　其实，跟孩子们一起成长，也是一件幸福的事情。它让我知道自己的缺失，让我懂得他们的需求，也让我慢慢学会了淡定、沉稳和包容。他们就像是不同花期的玫瑰花蕾，有的早开，有的迟开。而教师要做的工作就是用包容和信任去滋润生命的成长，既成就他们，也成就自己。

深圳市龙岗区依山郡小学　曾琳燕

点评：

　　做一个智慧型的班主任，很重要。遇事避免和学生发生正面冲突，采取委婉的态度，避其锋芒，在和风细雨中令其幡然悔悟，在不动声色中教其方法，才是班主任工作的明智之举。试着真正蹲下身子，弯下腰，用真诚与孩子交朋友，用真心和孩子交流，用爱去呵护他们、帮助他们，我们会在爱中收获到另一种爱与感动。那种爱甜甜的，会散发出一种香醇，令人回味无穷。

第四辑

04

用心守护每一朵花儿

　　冰心说："爱在左，责任在右。走在生命之路的两旁，随时撒种，随时开花，将这一径长途点缀的花香弥漫，使穿枝拂叶的莘莘学子，踏着荆棘，不觉得痛苦，有泪可流，却觉得幸福。"

　　既然教师承担撒种的任务，我们就要肩负起守护每一朵花儿的责任。寒来暑往，白驹过隙。我们要珍爱每一次与花儿朝夕相处的机会，珍惜每一朵花儿成长的过程，珍重自己付出的点滴。我们要有每朵花儿都会"芳香自来"的坚定信念。

一张表扬信

我们班有个小男生叫小A，不仅长得可爱，还特别聪明，学习能力也很强。但是他有一个坏习惯——喜欢随意打断老师讲课和同学发言。

这样的情况投诉家长后也只能管两三天。今天，上课前我找到小A，拉着他的手说："小A你这节课能不能做到不要随意打断老师和同学的发言，并且不讲不文明的话。如果做到了，老师就发一张表扬信给你。"上课后只见小A乖巧地坐回座位，在接下来的课堂上他好几次欲言又止，但很努力地控制自己不插话，做到举手发言。其中好几次他想直接打断同学的发言时，我立即给了一个眼神和表情，他把到嘴边的话硬是塞回去了。

课后，小A到讲台边围着我转，我知道他的意思，于是我带着他到办公室发给他一张表扬信，并且对他说道："你说话算话，我说话也算话！"我看到他的脸上露出了不好意思的笑容，但却是开心的笑容。

小A尝到了"甜头"，在接下来几天里表现都还可以。周五班会课上我特别表扬他还发了奖品给他，也让同学们说说小A同学的优点。小A有点害羞但表示会继续努力改掉坏习惯，希望同学们监督。经过这次事件后小A的情况明显好转，但时不时还是会犯。改掉坏习惯并不是一蹴而就的，需要一定的时间，我们拭目以待吧。小A，加油！

华中师范大学附属龙园学校　李月琴

点评：

　　每个孩子都期望得到老师和家长的肯定，善于挖掘孩子的点滴进步，给予鼓励甚至奖励，让孩子尝到"甜头"，孩子自然就会向更好的方向发展。在教育过程中，很多时候"疏"比"堵"更加有效。

一张奖状

我参加教育工作已有5年多，通过学校的栽培和自己的努力，获得了不少奖项。这些奖项有的令我兴奋，有的给我鞭策，但有一次的奖项却让我久久难以忘怀。

我清楚地记得，那是在2017—2018学年第一学期的最后一天，学校散学典礼结束了，我在班上颁发完所有的奖状、奖品后，已经到了放学的时间。正当我准备跟孩子们道别的时候，突然，站起来一个小男孩。我一看，原来是我们班的小可爱——小杰！只见他红着脸，很不好意思地说："老师，我也要给您颁奖！""啊？给我颁奖？"他点点头："嗯！老师，给您！"说着，就郑重地递给我一张A4大小的纸。我接过一看，是他亲手画的一张奖状，写着："卢老师，您在2017—2018学年第一学期中，爱工作，爱学生，被评为好老师！""小杰，你为什么给我发这个奖啊？""因为您是个好老师啊！同学都这么说，妈妈也这么说，所以我一定要给您颁这个奖啊！老师您看，同学们拿到奖状多开心呀，我也想拿呢！可惜没有。老师，我给您颁奖，您也很高兴吧？"说完，还恭恭敬敬地敬了个队礼。刹那间，安静的教室里响起了热烈的掌声。看着孩子们的笑脸，看着手中的"好老师奖状"，我心中百感交集。

小杰属于班里沉默的中间层。在这一学期里，由于他各方面表现一般，所以我一直没太注意他，也没给他颁发奖状。然而我没有想到，他今天居然做出了让所有人都惊讶的行为，竟然给我颁奖，还亲手制作了奖状！顿时，我觉得很愧疚。

　　小杰的行为让我反思自己的教育工作：我平时总是重视优生的培养，关注后进学生的进步，唯独忽略了班里沉默的大多数。其实他们时时瞪着眼睛关注着老师，非常渴望老师的关心和爱护，如果我们能给他们提供更多的舞台，他们同样能给我们带来更大的惊喜。

　　回到家里，我把这份"好老师奖状"放在了最显眼的地方，让它时时刻刻提醒我：作为教师，要关注每一个孩子的成长。从那以后，每学期颁发奖状时，我都会给每个孩子颁发一张奖状，"最乐于助人奖""脾气最温和奖""最爱干净奖"等，让每个孩子都知道老师是一直在默默地关注着他们，让他们享受成长的快乐。

深圳市龙岗区平湖街道白坭坑小学　卢婷婷

点评：

　　作为教师尤其是班主任，我们总是把目光投射到优等生、后进生这两个群体里，却往往忽略了中等生。其实，他们也需要老师的关注和关心，也需要老师的鼓励和帮助。这个学生稚嫩的语言、天真的举动，在卢老师的心里荡漾起波纹，也告诉每一位教育工作者——作为教师，我们要懂得关注每一个孩子的成长。

以爱之名

转眼间，我当班主任已经4年了。与经验丰富的教师相比，这短短的4年或许微不足道，但就我而言，这4年却是弥足珍贵的时光。因为在给予孩子爱的同时，我真真切切地感受到了爱的力量。爱可以焕发生命的光彩，让一个孩子从黯然失色中重生！

记得那还是我第一次当班主任的时候，班上有一个瘦瘦小小的孩子，每天的衣服都又脏又破，上课无精打采，课间也很少与同学互动交流。我想，这孩子肯定经历过或者正在经历着不同寻常的事情。于是，家访的第一站，我选择了这个小男孩的家。一进门，我惊呆了。家徒四壁足以概括出这个家庭的贫困。经过了解，这孩子的爸妈都外出打工了，家里就两位年迈的老人，目不识丁，生活起居上还需要这个孩子来帮忙照顾，就更别说是在学习上、心理上给予孩子适当的辅导和安慰了。孩子的奶奶说，其实孩子特别懂事，对于一些他很渴望的玩具，从来不敢开口要，难得回来一趟的爸爸给他带回玩具，他能高兴好几个星期。我终于能理解，为什么当别的孩子有一个新的文具盒或本子时，他都会默默地低下头，眼神中透露的不只是羡慕，还有忧伤。

过了些日子，我得知孩子即将过生日，决定给孩子一份特别的礼物。那天，小男孩一进教室门，全班一起唱起了《祝你生日快乐》，每个孩子都注视着他，大家拍着手掌，都对这位小寿星表示祝福。然后，我们把事先准备好的蛋糕拿了出来，请他许个愿望。突然，我看到，他的脸上流淌着热泪，抽泣着说："谢谢大家，这个生日很特别，我的愿望是永远跟同学们在一起！"这时，我看到了他脸上的微笑，是之前从来没有过的。

第二天放学，我把他单独留了下来。我摸了摸他的脑袋，轻声地说："孩子，每个人都是一棵独特的种子，总有一天会生根发芽，开出美丽的花朵。你也一样哦！"他会心地点了点头。

一晃一个学期过去了，我看到的是小男孩活泼、开朗了许多，也更爱笑了。我知道，这是师爱以及同学之间的爱融化了这个孩子，使他的生命正在开出更加绚烂的花朵！爱之花开放的地方，生命便能欣欣向荣。

是的，爱确实是这世上最好的灵丹妙药，以爱之名，去爱每一个孩子，不正是人类灵魂的工程师——教师，基本应该做到的吗？我永远相信龙应台说过的一句话："孩子就像是一颗种子，总会有开花的时候，前提是需要你耐心等待。当然，也许最后你会发现他并没有开花，那是因为，他将会是一棵参天大树！"

深圳市龙岗区新生小学　周瑞芳

点评：

作为教师，我们需要做的是理解和爱护孩子，给予他们更多的爱与希望，使每一颗冰封的心灵解开禁锢，以爱之名，让生命之花从此能够欣欣向荣！

拥有一双"慧眼"，发扬其"闪光点"

不是每个孩子都美丽，但他们一定是可爱的；不是每个孩子都聪明，但他们一定是独特的，这需要一双善于发现的"慧眼"。

我班有一名学生叫小鹏，上课爱发呆，喜欢关注别人，书写潦草。当我发现我的批评起不了多大的作用，反而使他变本加厉时，我开始怀疑起霍懋征老师说过："没有教不会的学生。"但是不甘心的我并没有放弃这名学生。我积极与家长沟通，取得家长的帮助，并得知这孩子上学后有着极大的变化。在幼儿园的时候，他是个文静乖巧的孩子，从不让家长担心，可是上了一年级他变得不听话，尤其是很反感写作业。有一次妈妈催得紧，他居然在墙上写"我想去死！"还不停用刀子刮桌子，家长都束手无策。

我思索着，该如何改变他？

首先，我非常有耐心地引导他并与他进行深入谈话，这才了解到他认识了邻居的一些大孩子，心都野了！放学跟着他们到处跑或上网聊天。虽然他不敢告诉我上网聊些什么，但是他那么迷恋，或多或少都有些不好的影响。外部世界的影响让他失去了课堂的集中力，这样的他，肯定会被各科任教师批评，久而久之，他对学习就更没有兴趣与信心了。

其次，我仔细地分析他的点点滴滴，发现他的闪光点就是自尊心比较强，很喜欢被表扬。在他身上，表扬的效果比其他孩子明显很多。只要被表扬，他立马做得比平时好一百倍，而我却因为放大他的缺点，而忽略了表扬他。为了改变他，我千方百计地让他的闪光点有用武之地，无论上课还是下课，我都关注着他，并与他有个私人约定，只要他各方面表现好，我就会当

146

着全班同学表扬和奖励他。因为及时关注与表扬，我发现了他越来越多的优点。记得有一次听广播时，他挺直身子听得非常认真，我当时忍不住表扬了他，并给予他奖励。同学们投去了羡慕的眼光，他的腰板挺得更笔直了，这次他为同学树立了认真听广播的好榜样！又有一次，开完家长会，他见我还在跟其他家长聊天，偷偷地与一个要好的同学把54张塑料凳都叠放好，这次的他为同学示范了什么是仁爱！

现在，班里的每位同学都愿意与他交朋友，同时，各科教师也对他赞不绝口，这激起了他发奋学习的欲望。他爱上了写作业，不用妈妈唠叨就能把作业完成得非常棒，也渐渐远离了那些影响他的大孩子。因为快乐而充实的校园生活，也让他没有时间去迷恋上网，所以他上课爱发呆的习惯也慢慢地改正过来了，自信心倍增！

每一个孩子都是可爱的，每一个孩子都是独特的，只要你有一双善于发现的"慧眼"！

深圳市龙岗区振新小学　黄欢清

点评：

罗丹曾经说："我们的生活不是缺少美，而是缺少发现美的眼睛。"对于班主任来说，我们不仅要教会学生知识，更应该做一个慧眼独具的伯乐，相信每个孩子都有闪光点。让我们戴上一副"优点放大镜"，去发现他们是一块块珍贵的"玉石"。而"玉石"需要我们的"加工"，才能成为真正的美玉！

用"智慧之心"开启教育的新天地

作为一个优秀的班主任，要有意识地捕捉和把握教育的契机，少以或者根本不以批评者的身份出现，这样会很大程度上改善师生关系，但我们不能够把这一点理解成大家可以一团和气，为了和谐而放弃原则。关键是要解决问题，而不是去责怪谁，责怪是不能解决任何问题的，只不过带给犯错误的人更多挫折感和压力。

前段时间，我们班的钟同学和连同学发生了矛盾，钟同学就偷偷把连同学的书撕毁了几页。当连同学拿着书让我看时，我恨不得把钟同学揪出来狠狠地批评一通，但又想到《人性的弱点》中有这样一句话："我们不要去责怪别人，而是要试着去了解他们，弄清楚他们为什么会那样做。这会比批评更加有效。"于是，我并没有在班内大张旗鼓地调查，而只是说了这样一句话："老师很伤心，这件事居然发生在我们班，在老师心目中你们都是懂事听话的孩子，老师知道这是你一时糊涂犯的错，人都有犯错的时候，不要说是你们孩子，就是老师也有犯错误的时候。但只要你能认识到自己犯的错误并及时改正，你还是好孩子。老师不会调查，老师会给你留机会让你自己承认，但如果在中午放学前还没有人承认，那老师就会调查了，老师等着你主动告诉我。"说完，我向班教室内环视了一下，发现钟同学把头低了下去。

我心里已经猜到是他，但我没有及时去问。到第二节做操时，我走到钟同学跟前，悄悄问他："撕书的事还需要调查吗？"他低下头，轻声地说："老师不用调查了，书是我撕的。"看，这就是不批评的效果。但我知道：不批评不是目的，解决问题才是关键，不批评是为了保持一种健康积极的人际关系，并以此为基础去解决问题。既然他已经承认了，就要让他知道这样做的危害，并要为自己的行为负责。通过谈话，他又买了一本新书送给连同学，两个人握手言和。

亚里士多德说过："教育的根是苦的，但其果实是甜的。"在教育教学过程中，只要教师善于思考，运用智慧来教育学生，相信我们会得到意想不到的收获。

龙城街道盛平小学　李东林

点评：

儿童的世界是复杂多变的，既有某些共同的需求与发展特点，又有不同的个性与行为表现，班主任只有了解儿童不同于成人的心灵世界，才能和他们融洽共处，因材施教，引导他们成长进步；只有在教育中宽严适度，有的放矢，才能得到意想不到的收获。

用爱浇灌，静待花开

班主任工作千头万绪，琐碎繁杂，一切都充满了挑战，尤其要与孩子们"斗智斗勇"。

我们班就有这样一朵带刺的玫瑰。他是小邓，调皮，好动，注意力不集中，还特别喜欢乱拿别人的东西。上课时经常能看到他"飞舞"的身影。他可算是我最爱的"宝贝"，没少来办公室做客。但是，这一次他让我看到了惊喜，可能很大一部分原因是我改变了自己跟他沟通的方式吧。

一天下午，我刚进教室，有个学生就叽里呱啦地向我报告："老师，这本书不知被谁给撕了。"接着就有人说道："是小邓撕的，我昨天打扫卫生时，在他抽屉里发现了这本书上的贴纸。"我看了小邓一眼，以我的经验，从他的眼神中我有些相信其他同学的说法。因为他总喜欢乱撕别人的东西，已经有好几个学生都来投诉过了，而且他做错事时喜欢狡辩，总是把责任推到别人身上。我原本想好好教训他一顿，可当我的眼神再次与他接触时，我改变了自己的想法。因为，从他的眼神里，我竟然看到了他的无助与惶恐，还有一丝懊悔。

我对孩子们笑了笑说："喔，这件事我已经知道了。小邓已经告诉我了，他是不小心撕烂的。谁都有不小心的时候，他已经知道了自己的错误，并且主动向我承认了，他很诚实！我们是不是应该原谅他呢？"直到第二天，我才找他谈话，因为我想等他想好之后，亲口向我承认。我就这样看着他，并没有说什么。他则不好意思地看着我，最后他终于小声地说了一句："对不起，曾老师，那本书是我撕的。"我语重心长地对他说道："你知道吗？老师一直在等你这句话，为什么你要把书撕成这样呢？"后来他说，他喜欢书上的贴纸，就想把它撕下来拿回家。我跟他谈了很久，教育他不能因为喜欢就擅自把东西据为己有，不问自拿，这是"小偷"的行为，更不能故意把书撕烂，这是不爱惜公物的行为。后来他也知道自己错了，并答应改正错误。试想：如果当时小朋友告诉我小邓故意撕烂了书时，我当着全班同学的面狠狠地批评他一顿，然后罚他，事情是解决了，但对于他本人不见得有多大效果，说不定过一阵子他还会犯同样的错误。因为，当时他的错误是我指出的，他是在非常不情愿的情况下承认的。而现在他的错误是他自己经过思考后主动承认的，效果肯定不同。我真庆幸当时没有发火，能够控制住自己的情绪，不然，我或许会摧残这朵本来就营养不良的玫瑰。

每个学生的发展步调都不相同。学生的成长如同花朵，需要教师耐心地呵护和等待。学生的豁然开朗、顿悟清醒，也许就在我们耐心等待的一刹那。给学生一点时间，教师适当引导教育，耐心帮助，让学生自己去思考，去发现错误、坦白错误，并且改正错误，我想效果会更好！

深圳市龙岗区依山郡小学　曾琳燕

点评：

罗杰斯说过："孩子就像玫瑰花蕾，有不同的花期，最后开的花，与最早开的花一样美丽。"每一个孩子都是鲜活的生命个体，每一个生命个体都有无限的可能。若每一位教师都能用赏识的眼光看待孩子，用静待花开的心态精心培育，也许，能收获更多不一样的惊喜。

用你的方式去爱你

爱，一直都有很多种表达方式，可以大声说出来，也可以默默地关注，可以送礼物，也可以是个简单的拥抱。但所有的方式，都不及用"你的方式"去爱。

小萱是一个很内向的孩子，我教了她半年多，从未见过她在课堂上举手回答问题，也没见过她下课跟同学们一起玩。她总是默默地做自己的事，像一株生长在自己园地里的小草。她的不开朗让我的心里也蒙上了一层灰霾。我想让她快乐起来，让她也有可以一起欢笑的小伙伴。

在了解到小萱很喜欢唱歌后，在一次班会课上，我组织了一个"才艺大比拼"活动，想让小萱在这次"才艺大比拼"活动中，展示自己的才艺，使她在其他同学的肯定中找到自信，获得友谊。轮到小萱了，我用真诚的语言鼓励她勇敢地上台，其他同学也不停地鼓掌。可是，等了很久，小萱都是一直趴在桌子上，一动也不动。突然，一个男生大声喊："老师，她不敢的！"这突如其来的一声让其他同学都笑了起来。小萱趴在桌子上的身影开始起伏，我知道，那是她在哭。同学们无意中的"起哄"，让她感到羞愧了。

在这次我"自以为是"导演的节目之后，小萱变得更加沉默了，课堂上也经常走神，听到其他同学的笑声，总会低下头，总会以为同学们是在议论她。看到这一情况，我为自己的自负和轻率感到后悔了。本想着能打开小萱的心门，可是经过这次，她连心灵的窗户也关上了。

庆幸的是，在不久之后事情有了转机。那天，我正在上阅读课，讲的是一部绘本，名字叫作《你很特别》，故事大概是讲木偶王国里一个特立独行的木偶，从不接受他人的"标签"，只做自己。小萱听得很认真，偶然间，我们的目光对视了，她有些诧异和惊慌，我也感到有些突然，但我很快就给了她一个微笑，过了一小会儿，她也极快地回给我一个羞涩的笑。

从那节课过后，课堂上，我和小萱开始了"心照不宣"的秘密交流。讲到一个知识的难点时，我会悄悄地给她投去一个询问的目光：懂了吗？掌握的时候，她会冲我微笑；没有理解的时候，她会用迷茫的目光看着我。于是，我会再重复一遍我的话。这样一段时间下来，小萱听课认真了很多，下课时依然不和其他同学打成一片，但她偶尔也会在其他同学的身边看着他们玩耍，高兴的时候，也会跟着同学们一起笑一笑。

小萱，本就不是一个外向的孩子，她的世界也许就是这么"风轻云淡"。可能，她需要的，也仅仅就是那么一小股的"微风"，任何狂暴的、急骤的"大风"都会让她惊慌失措地关上"心门"。这种无声的交流引发的效果，可能跟我想要达到的目标相差很远，但却是小萱所能接受的。只有打开"接受"的门缝，才能让更多的期许涌进心门内。所以，在和小萱的故事中，我学会了：只有用他人接受的方式去释放自己的爱，爱，才能被更好地接受。

深圳市龙岗区龙高集团东兴外国语学校　胡纾敏

点评：

优秀班主任任小艾说过："尽可能想方设法地培养出适合学生的教育，而不是让学生去适合你。"教育，也曾多次呼吁教育者，要以"学生为主体"。那么，作为教师，在给予学生爱的时候，我们需要多考虑，每一位学生能接受的是哪一种爱的表达方式。方式不对，就如夏天给人以棉衣棉被，除了显得多余之外，还使得学生犹如"惊弓之鸟"，更加容易关闭"心门"。

用心铸就希望

从教8年，小学班主任我已走过两个小循环。所以，当我再次接到担任一年级班主任的任务时，我对自己充满了信心。新学期伊始，树立班规、组建家委会、培养小班干部等各项工作有序地进行。但是我很快就发现了一个前所未有的棘手问题——有一位多动症的学生小鑫。

他极其好动，自控能力差，没有规则意识，上课时，注意力不集中，有时还会在地上打滚，乱走动，打扰其他学生；下课时，很容易与其他学生发生冲突，经常声嘶力竭地大喊大叫。这样"与众不同"的孩子，自然是不受大家欢迎的，他没有朋友，甚至还有一些学生的家长要求将他赶出班级。

为此，我非常头疼！小鑫既然成为我的学生，我就要对他负责！于是，我先去小鑫家进行家访。通过家访得知，他父母常年忙于工作，小鑫由外婆抚养。我将孩子在校的表现跟他父母交流，一开始，小鑫父母对我反映的情况非常抵触，认为小鑫只是有点调皮而已，没有我说得那么严重。小鑫妈妈甚至还质问我："是不是你没有能力、没有耐心教了？"我听了虽然有点生气，但是也表示理解，是啊，谁愿意承认自己的孩子有问题呢？

第二次家访，我叫上了我班的家委会主任小匀的妈妈一起去，小匀的妈妈站在家长的立场上，动之以情，晓之以理，终于说通了小鑫的父母，他们答应带小鑫去医院检查。检查结果显示，小鑫果然是多动症。多动症儿童没有得到及时的治疗会出现学业、心理健康和品行等方面的一系列问题。

一、具体教育方案

经过多次和家长沟通，我们终于达成一致，针对小鑫的行为表现制订出家校合作的具体教育方案。

1. 用爱心交换信任

陶行知先生曾说："谁不爱学生，谁就不能教育好学生。"爱是教育的前提，信任是教育的开始。我积极关注小鑫的一言一行，常常主动与他交流，我发现他其实是愿意听老师的话的，只是保持安静的时间很短暂，但哪怕多一分钟我都很开心！这是我成功的第一步。

2. 用细心发现亮点

我始终相信，每个学生都有自己的闪光点。作为教师，我们应该发现并挖掘学生身上的闪光点。小鑫在好几次听写的时候，都能提前说出下一个词组，我发现他记忆力很好，不仅词语都能写对，还能按顺序背下来。我在班上专门表扬了他。小鑫在努力进步，同学们也愿意跟他做朋友了。

3. 用恒心鼓励进步

无论课上、课后，只要小鑫稍有进步，我和科任教师就会及时对他加以肯定和鼓励，当众表扬。鼓励和表扬也讲究方法，他哪方面有进步，我都要说清楚、说明白、说详细，让他明白老师为什么表扬他，下次哪些地方该注意，让他感到这样的他是被认可的，他也很高兴！

4. 用耐心期待蜕变

多动症儿童的一个突出的特点就是自控能力差，不能持之以恒，经常会出现反复动摇的现象，因此多动症孩子的转化工作不是一次教育或辅导就能奏效的，而是一个需要付出耐心的循序渐进的过程。

二、采取的措施

在这个过程中我采取了以下措施。

1. 与家长加强交流

我把小鑫的表现及时反馈给家长，多沟通，通过家校合作对他进行双向教育。

2. 教育目标要切合实际、适度

对多动症孩子不应苛求其过分安静，不要制定过多的清规戒律，而是应由易到难，由小到大，由少到多。

3. 加强自制力的训练

在一日活动中，我利用一切机会训练其自制力。小鑫经常把书本和文具乱丢，不懂得归位放好，我就带着他一起捡起来并整理好。经过一段时间的引导，小鑫扔东西的毛病也改善了很多。

4. 加强注意力的训练

小鑫上课注意力不集中，经常会影响其他同学的正常活动，我就把他的座位安排在老师容易顾及的位置，在各项活动中培养他的注意力，督促他集中精力完成任务，逐步培养其耐心、专注的习惯。

通过一年多的家校配合训练，小鑫在各方面都有了很大进步：开始融入集体生活，上课不再钻爬桌底，能坐下来安静写字了，上学期期末考试时，三科都取得了不错的成绩。

多动症儿童的改变是需要很长时间的，但是我会将这份艰巨的任务坚持到底，也希望能够进一步提升自己，学习更多的方法去教育好学生。

深圳市龙岗区平安里学校　饶思思

点评：

只要有学生存在，就会有"潜能生"的存在，如何教育"潜能生"，是班主任永恒的话题。春雨润物细无声，要用一个教育者的良知对待"潜能生"，要用爱心感化、用耐心转化、用细心激励。不少"潜能生"都不同程度地存在着品德、行为、心理问题。教师要有的放矢地做好"潜能生"的教育工作，只有找准问题的症结所在，并善于了解"潜能生"的个性、心理特征以及行为习惯，才能对"症"下"药"，找到恰当的教育方法。

有个词叫作……

总有那么一句话甚至一个词影响你的选择，总有那么一刻让你幸福满满，总有那么一个老师让你心怀感恩，总有那么一个学生让你牵动心弦。

有个词叫作"字如其人"。

"坐端正，头不要趴下去，握笔姿势要对，慢慢写不要着急，要写得漂亮一点……"教室里没人回应我，大家只是默默调整好姿势继续写字。午写课上，在学生拿出笔和字帖的时候，我就像个唠叨的老太婆一样，不断地提醒，不停地纠正。

开学第一个月，好习惯的养成便是我日常的教学重点，三年级，正是小学阶段一个很关键的转折期，我苦口婆心是希望培养出一班"天使宝宝"，而不是"妖魔鬼怪"。"每个人的字啊，就像你的名片一样，有句话叫……"话音未落，正认真写字的学生们头也不抬却整齐地应道"字如其人"。这一突然间的反应让我忍不住扬起嘴角，低头时发现歪七扭八的字体变得越来越端正，默默地关上我的话匣子，欣慰地看着这群认真的学生在认真地练字。

有个词叫作"勤能补拙"。

离期中考试还有半个多月，成绩并不理想的小然开始变得勤奋好学了，每天课间、午休时间都看到他在不停地背单词、读课文，听写的正确率越来越高，作业也越来越工整，这个大变化让我格外欣喜。我赶紧打了个电话给小然的家长，电话刚接通，就听到小然妈妈激动的声音："林老师啊，我这几天正想给您打电话呢，我们家小然这学期变化好大，特别是这两周，每天回家都不看电视了，他跟我说，林老师教我们'勤能补拙'，如果你不是特别聪明就要特别勤劳，老师，真是太感谢您了。"听完小然妈妈这番激动的话，我会心地笑了，原来我的一句话可以改变一个学生的学习态度，原来看似枯燥的道理，对于学生来说是一种激励。

细细回想，教育就是这样一条奇妙的道路，你一路播撒种子，只在不经意间闻到一缕芬芳，便欣慰地继续向前。

深圳市龙岗区建文小学　林晓梅

点评：

教育就是简单的事情重复做，重复的事情认真做。在学生口中，多了位"'有个词'老师"；在家长心中，记住了"'有个词'老师"，所谓教育情感，不也正是如此吗？

又是一年校合唱节

传说中的五年（3）班，从来没得过文明班，在各项学校活动中都是排名垫底。接触一段时间后，我发现班上的学生性格很温和，但每个人都很自我，不愿参与到班级这个大家庭中。

每年十月都要举行一年一度的校合唱节，今年学生们一如既往的热情不高，更有一些学生私下讨论说："每年都拿倒数，今年就不要再去丢人了。""反正第一名肯定是五年（2）班，他们班一直都是明星班……"听到这些话，我能感受到孩子们在过去4年里经历的挫败感。

为了提高班级凝聚力，让学生们拧成一股绳自信向前，确实应该借这个合唱节让孩子们的心凝聚起来。为此，我请教老教师，查阅网上资料，最终决定开一场"科学实验班会课"。

班会课上，我拿着一个透明水杯，并把它放在讲台上最显眼的地方。然后我往杯子里倒水，直到水差不多满溢。这时所有学生都把目光转到那个装满水的杯子上。接着，我拿出了一盒回形针问道："请同学们猜一猜，我放几个回形针，这杯水会溢出来？""1个。""2个。"有些学生说道。"那请你把这个回形针慢慢地放进水里。"这时所有的目光都聚集在这水杯上，他们看得目不转睛。只见回形针慢慢滑落，可水并没有溢出来。

这时，我给每个学生都发了一个回形针，让他们按顺序一个一个放进玻璃杯。每个学生都蹑手蹑脚地缓慢放下回形针。一个接一个，所有学生都胆战心惊，班上的空气更是仿佛凝固了。当50个回形针全部放进玻璃杯后，学生们都睁大眼睛，不可思议地盯着玻璃杯，因为水一滴都没有溢出来。

当有一个学生鼓掌欢呼时，全班瞬间响起热烈的掌声和欢呼声。刚才寂静的气氛瞬间被打破！

感受着孩子们激动的心情，我说道："一杯水可以容纳50个回形针没有满溢，它是有多大的能量在里面，能吞下多少我们原本以为可能打倒它的小困难。"学生们聚精会神地看着我。

我接着说："我们50个同学的能量大还是这杯水的能量大？"

"我们！"学生们异口同声地说。

"我们被合唱比赛打败了吗？"

"没有！"学生们带着满满的力量感说道。

"那我们就从现在开始行动，积累能量，准备合唱比赛。"

"好！"学生们激昂地说。

在接下来两个星期，我们完美地诠释了什么叫作群策群力，什么叫作团结就是力量。我们全班同学一起商量选歌、看参考视频、小组讨论队形、选服装。看着他们的态度一点点地转变，那种愿意尝试的热情，让我不禁感叹团队对个人的影响，感叹教师职业的神圣使命与幸福。

在上台前，一个学生握着我的手说："老师，别紧张！我们会做到最好！我们是最棒的！"这时主持人报幕，学生们随着音乐整体列队走上舞台，音乐声起，学生们的歌声飘动："我相信我就是我，我相信明天。我相信青春没有地平线……"

老师相信你们！你们是最棒的！

深圳市龙岗区兰著学校　彭惠婷

点评：

班主任是否具有独特的人格魅力，工作做得是否细致，这些都直接影响着一个班级的班风建设。而班风学风对一个孩子的影响力也是远超过我们的想象的。有了良好的班风，班集体就充满了鲜活的动力，就有了勇往直前、战无不胜的团队精神。

欲速则不达

小肖活泼开朗，积极上进，做事很有分寸，是老师的好帮手。但是最近，她不仅变得沉默，上课还经常发呆，学习成绩也一落千丈。我用眼神暗示她，课后找她谈话，也打电话与家长联系，但效果不佳。

于是，我从她的好朋友和一起排练节目的队友中了解了些情况。原来小肖因为要准备艺术节的舞蹈选拔赛和小曾走到一起。但是不久，小曾觉得小肖指导动作过于严格，就带着部分队员离开，并且开始互相抢地方训练。有一次，小曾和队友们训练后，发现自己的校服被扔到地上，以为是小肖指使的，哭着找自己爸爸。小曾爸爸立刻找到小肖并大声呵斥她。

根据我对小肖的了解，她近乎完美主义的性格，应该会对队员严格，但不至于心胸狭隘，去扔别人的衣服，她应该真的是受了委屈才会出现这么大的变化。这件事情可大可小，我能做的就是收集证据，理性分析，再想好怎么解决，不能快速、草率地做决定。

一、收集证据

我到扔衣服的现场观察了一下，看看是不是在摄像头的范围内。如果是，就到门卫室查看视频。正如我所料，并不是小肖扔小曾和队友们的衣服，而是三年级学生在旁边玩起扔衣服的游戏。有视频作为证据，可以还给小肖一个清白了，也让冤枉她的小曾心服口服。

二、批评教育

首先，观看视频。让小肖和小曾观看三年级学生玩扔衣服游戏的视频，并暗中观察她们的表情。

其次，因材施教。对于小曾，我批评她没有亲眼看到衣服被扔的情景，就哭着让父母过来指责同学，我鼓励她大胆地向小肖承认错误，并告诉她，以后有事情先找老师帮忙。

最后，教育小曾要善于学习，虚心接受他人建议。毕竟小肖是校级舞蹈队的，她的指导会比较专业。对于小肖，我教育她学会寻求帮助，还自己一个公道，而不是闷在心里，既影响了心情和学习，也解决不了问题。同时，我告诉她十个手指各有长短，每个人都有个体差异，有的人学得快，有的人学得慢，我们要学会语气柔和，耐心指导，让整个队伍更加和谐。

三、表扬与鼓舞

我表扬她们为了班集体的节目，努力练习，还很有想法，把两队合二为一。接着，我再设计一节班会课"团结就是力量"，鼓励学生以她们为榜样，加强班集体的凝聚力。这样，既鼓舞了小肖继续带队的信心，也让小曾觉得还是要继续合二为一，为班集体争光。

处理完这件事情后，小肖又恢复了以往活泼开朗和积极上进的样子，也更用心地排练节目。最终，我班的节目被选上了。

欲速则不达，每一个孩子都像是一件工艺品，不仅需要你用发现美的眼睛去欣赏、去发现，还需要你一点一滴地耐心雕琢。

深圳市龙岗区振新小学　黄欢清

点评：

看着她们开心的笑容，我不禁反思自己对她们太"放养"了，连发生了矛盾也一无所知，导致矛盾被激化。作为一名班主任，不仅要培养学生的自主管理能力，而且要时刻保持一颗"侦探"的心，学会步步为营，耐心处理。

遇上"来自星星"的孩子

两年前，我接手了一个新班级，遇到了一个比较特殊的孩子：经常咬同学，激动的时候会拿书包和凳子砸老师和同学，常常把口水涂到脸上，一旦老师找他谈话就会冒出"跳楼""你们歧视我""活着没意思"之类的话。同学们说他不用管，一直就这样。我思索着，我该怎么办？

首先，我立即家访，让家长重视并建议他们带孩子去看看专业的医生，后来他们告诉我，医生说孩子确实有自闭倾向。我通过查阅相关资料、请教专家了解了一些这方面的知识，然后和家长一起探讨接下来应该怎么做。

其次，在班上，我教育其他同学要对他多些宽容，与那些长期嘲笑和戏弄他的学生逐个谈心，鼓励一些善良懂事的学生主动与他交朋友。同时，虽然他做得总是不尽如人意，但我尽量让他当班干部，如语文小组长、路队长、保洁员或者负责开门窗等，并寻找一切机会大力表扬他。经过一年多的努力，他的怪异行为和过激言语越来越少。

但是关爱和宽容不等于纵容，对待这样的孩子，我们不仅要懂得去关爱和鼓励，更要敢于说"不"。我曾冒着他威胁要跳楼的危险，禁止他往脸上抹口水，结果他没跳楼，抹口水的事也没再发生了。

不过上个月发生的一件事让我意识到这条路还没走完。那天英语老师要求没交作业的同学站起来，谁回答正确了再坐下去，他回答完后竟直接躺在了地上。老师和同学们都吓坏了。我过去看了一下，拿出手机大声说："快打120叫救护车。"他马上爬起来抢了我的手机，说："不要。"我把他带出教室，然后问他哪里不舒服，他说："头痛，还有脚，脚站不起来了。"我说："那还得叫救护车呀。"他使劲摇头。我说："真的？"他边说"是"边哭着往教室走去。从那次"碰瓷"失败之后，他再没有碰过瓷了。

虽然在群体游戏方面还有些困难，但如今的他每天都在改变。他的改变让我越来越明白：对这种"来自星星"的孩子，我们不仅要有爱心、耐心和信心，还要有狠心、慧心和恒心。

深圳市龙岗区深圳中学龙岗小学　易彪雄

点评：

《中华人民共和国义务教育法》规定，义务教育是国家统一实施的所有适龄儿童、少年必须接受的教育，是国家必须予以保障的公益性事业。每个孩子——即使是比较特殊的孩子都有受教育的权利。因此班上偶尔出现一两个比较特殊的学生，包括疑似自闭症、多动症或性格怪异的学生是比较正常的。爱因斯坦说过："只有爱才是最好的教师，它远远超过责任感。"这些孩子往往活在各自的星球，唯有爱才能把他们拉回我们美丽的地球，才能让他们和其他孩子一样享受阳光、雨露和欢笑。

再等等，花就开

记得那是学校组织外出郊游时发生的事情。

早上，我刚到学校，远远瞧见我班的几个男生在楼梯口焦急地张望着。到底发生了什么事情呢？作为班主任，我带着疑惑向他们走去。这时，他们也瞧见了我，立马跑过来说道："老师，老师，您赶紧到班里看看，乱糟糟了！"

"班干部还没来，没有人管班呢！"

"大家有的在吃零食、喝饮料，垃圾就扔地上！"

"还有小明和小东不知什么原因，在走廊上打架呢！"

我顿时蒙了，虽然知道外出郊游是一件让孩子开心兴奋的事情，但实在无法理解为什么参加一次郊游，学生们兴奋到连班级的纪律和平时养成的行为习惯都忘记了。

我快步走进教室，走廊上几个孩子围着哄闹，一边吃着零食一边跑着跳着；有的学生聚在一起，叽叽喳喳地聊着买了什么零食，背了什么玩具，带了多少零花钱……

学生们脸上绽开的笑容，在看到我的脸色时凝固了。看着他们汗呼呼、憋得通红的脸蛋，我不知道要讲什么，到底是应该批评他们哄闹违反纪律，教育他们做好班级卫生，还是应该体谅他们的兴奋心情？

作为班主任，我既不想破坏孩子郊游的美好心情，也不愿意学生在集体中无规矩、没纪律。我站到讲台上，忍住直接批评教育他们的冲动，"很失望"地对学生们说道："同学们，今天我们去郊游，老师本来是带着愉悦的心情与你们一起去玩的，但大家像现在这样子，到了郊游地点，还行吗？我们是要文明出行的。"

学生们"纷纷走回座位，安静地收起零食，整理背包，我感到非常欣慰，心里一边想着学生们还是懂事的，一边提醒着他们不要落东西，不要拿错东西，捡起位置上的垃圾。

这时，我看到班里一个特别调皮外向的女孩子，居然还在袋子里分着小面包和牛奶，正要批评她时，这孩子突然举起手中的面包和牛奶说："老师，这是给你准备的郊游点心！"我很惊讶，看着她那灿烂的笑容，心里暗暗对自己说，虽然我的出发点是好的，但是刚刚若是急着批评她的话，那她此时心里该多难过呀？

我庆幸自己没有急着批评学生，没有急着指责这个女生，而是平静地给予学生少许时间让他们说出想法，看到他们的真意。否则，即便他们明白老师的一番心思，在心里也会有一片荫翳。

教育是重要的，但有时候不需要太着急。你看，只要耐心等待，便会有另一番惊喜的收获！

深圳市龙岗区育贤小学　黄德兴

点评：

孩子犯错是一件正常的事，重要的是如何处理，先听听孩子怎么说，再找找孩子的动机，说不准这样一来，孩子的问题就解决了。有时候，慢一点处理问题，效果会更好。

在鼓励中成长

记得小时候，每每有人问起长大以后的理想是什么，我总是回答要成为一名教师，纵使那时候我并不知道教师的全部含义与职责，但小小的种子已经在我的心中萌发。幸运的是这颗种子生了根、发了芽，长大后我如愿成了人民教师，在平凡的岗位上，浇灌着可爱的花朵。

教师这份职业是杂家，不仅需要广博的知识作基础，更需要教师的爱心与耐心。记得初登讲台的那几年，发怒成了我课堂中出现最多的情绪。课堂上有学生不专心听课我会发怒，有学生不完成作业我会发怒，甚至有学生用错了笔我也会发怒。我会在课堂上大声地训斥犯错的学生，只因为觉得这样做在全班能起到震慑作用，却没有站在学生的立场去想他们会有怎样的感受，也忽略了同样坐在教室中其他那些满怀期待等待教师讲授新知识的学生。那时的我还没有足够的耐心与学生进行心与心的交流，只是片面地认为严师出高徒。经过一段时间，我发现我虽然能控制住课堂上的纪律，可总觉得课堂上哪儿不对劲。感受到每个学生看我时畏缩的目光，回想着课堂上毫无生气的沉寂，我开始思索自省。

一天，在学习新课程标准时，我恍然大悟，课堂是向每一个学生的心灵都敞开的温情的怀抱，是我严厉的目光切断了学生的思维，是我冰冷的态度熄灭了学生的热情。那么，到底应该如何激活我的课堂，让学生能在愉悦的气氛中学习呢？我陷入了沉思。曾有著名的教育心理学家总结：如果孩子生活在批评中，他便学会了谴责；如果孩子生活在敌视中，他便学会了好斗；如果孩子生活在恐惧中，他便会忧心忡忡；如果孩子生活在鼓励中，他便学会了自信；如果孩子生活在表扬中，他便学会了乐观向上；如果孩子生活在安全中，他便学会了相信自己和周围的人们。我懂得，只有良好的学习氛围与融洽的师生关系，才能促使学生更喜欢上课，而良好的氛围是需要教师用耐心来打造的。

我们班的学生有个别来自离异家庭，多数是由爷爷奶奶或者外公外婆看护，父母常年不在家，因为疏于管理，学习习惯十分懒散。例如，一个女生学习意识很薄弱，开始时我被气得暴跳如雷。而她也被我的严厉吓得不知所措。这样一来，不仅学生的学习成绩没有提升，更明显的是她时刻与我保持距离。我的严厉已经成为她的绊脚石，于是我尝试用耐心的方式去教育她。在平时的教学活动中我开始表扬她，她语文课文读得好，我就利用这个闪光点鼓励她，激发她学习的兴趣。因为我明白，希望得到他人的表扬是孩子的天性，孩子的内心世界是清澈的。事实证明，我的改变是对的。这位学生得到了肯定后，渐渐地有了主动学习的意识，不仅不再懒散了，而且变得更加自信，更重要的是不再与我有距离感了。所以，现在我会尽可能用自己的耐心去融化、改变学生，而不是用粗暴的严厉去扼杀学生的情感。

总之，教师是一份良心的职业，是教师就要奉献，捧着一颗心来，不带走半根草去，让爱永驻心中。

深圳市龙岗区平安里学校　王玲玲

点评：

教师一字一句温馨和智慧的话语，能让学生感受到来自教师的关爱、重视、指导和欣赏，这是教师职业所独具的人性感召力，也是教师职业的大爱所带来的人性美！

在泥泞中前行

恍然如梦，我已近不惑之年，在这三尺讲台，一待就是19年。岁月
变迁、容颜易老，不变的是我对教师这份职业的用心与坚持。虽
然前行的路上泥泞满布、荆棘丛生，但我坚信走过之后，一定会留下深深的
足迹。

1997年，我考进了当阳师范，我的目标很简单，就是能尽快自食其力，
不让父母太劳累。当时我对当老师没有一丝期许，也没有所谓的教育理想与
抱负。但是，还没等我毕业，便赶上了社会改革，教育局毕业分配的承诺不
能实现了。2000年，我不但毕业了，同时我也失业了，怎么办，18岁的我能
做点什么呢？进镇里的小学代课，这是当时唯一能走的路。就这样，18岁的
我，光荣地成为板桥小学五（2）班的班主任兼语文老师。可是，一个月200
元的工资，连自己的一日三餐都无法保证，父母还得为我倒贴生活费，心中
不平，日子艰难。但在踏上讲台的那一刻，看到台下那些淳朴的孩子们时，
我便告诉自己：不管自己的人生有多么不如意，也不能亏欠孩子。

理想很丰满，现实却很骨感。我只比那些孩子们大6岁，年少轻狂，没有
经验，摆在我面前的问题一个接一个，面对孩子们的淘气，我缺乏丝耐心。
还记得有一天中午吃过午饭，孩子们都在操场上玩，一个男生故意把另一个
学生绊倒了，用的还是飞脚，孩子们一窝蜂地跑来告状。火气大得冲昏了头
脑，我跑过去，二话不说，不分青红皂白就是一顿狠批。那个男生被吓得不
轻，连连道歉。学生的事儿平息了，我的事儿却来了，我被校长约谈了，一
顿狠批后，我只能为自己的莽撞和无知买单。事后，我也深深地反思，学校

本就是允许学生犯错的地方，为什么不是以此为契机，进行一次深入的思想教育，而是责备和批评呢？只有批评没有教育的痕迹，怎么能管理班级、管理学生呢？自此以后，我下定决心改变，在日后的工作中，必须改掉自己的火暴脾气，在对学生的教育中，得走心！

至今我依然记得，一个叫全全的学生，学习成绩非常糟糕，每天都是灰头土脸的，一看就知道家庭条件非常不好。"进步就是一百分"，在学习上，我不逼迫他，而是给予他更多的鼓励。一个字写工整了，当着全班同学表扬他，课堂上不睡觉了，更是点名称赞他。长此以往，在语文课堂上，他能乖乖地听课了，作业也能努力去完成了，赏识教育的神奇正在悄然发生。

有一次，4天的假期过了，学生们都按时赶来上晚自习，唯独他没有出现，到底是什么情况？他生病了吗？是上学路上出事了，还是家里人不让他来上学？很多假设在我的脑海中浮现，我满腹担忧，可当时根本没有手机，联系不上！第二天一早，我便带着一个认识路的学生去他家，山路崎岖，爬了一个多小时，才到他的家。看到他时，他正在家里削土豆皮，他妈说，家里农活正忙，缺人手，让他在家里帮几天忙。这不禁让我想起了张艺谋的电影《一个都不能少》，电影里的情节活生生地呈现在我眼前。我好说歹说，才得以让他跟我回学校。我帮他扛着10天的口粮，带他回了学校。他虽不善言谈，但我隐隐感觉到他对我多了一份信任。在日后的语文课堂上，他对我的信任变成一天一天的进步。

一年后，生活的无奈迫使我离开了那所小学。还记得当时走的时候，天下着大雨，学生们都哭了，我也哭了，满载行李的吉普车驶出校园的时候，学生们依然趴在窗口，目送我远行。后来听说，那个叫全全的学生，在课桌的一角刻着"向老师"三个字。我真的没做什么，学生们回馈给我的却是一份温暖的感动。从那以后，我便对教师这个职业多了一份热爱和期许。

从家乡到深圳，辗转15年，我在泥泞中艰难前行，却依然为自己留存着那份用心。平凡的我说着平淡的故事，直到老去！

上海外国语大学附属龙岗学校　向伶俐

点评：

严在当严处，爱在细微中。学校是一个允许学生犯错的地方，作为教师，要正确地对待学生的错误，以错误为契机，对学生进行深刻的引导与教育，单纯地批评与责备不会带来教育的果实，反而会影响师生间的相互信任。严慈相济，才能在教育的过程中收获惊喜。

长在赌注中的老师

今年夏天，我的第一批学生中考结束了，三年未见，新的环境、紧张的学业压力，依旧阻挡不了他们身高的蹿长、相貌的成熟。可在我眼里，他们依旧是当年那群可爱的"妖魔鬼怪"。

中考前的那天下午，在做资料的我突然被一声浑厚的男中音叫了声"老师"，抬头一看，时间似乎停住了好几秒，眼前这个一米七几的大男孩，真的是当年那个一米五的小豪吗？

"老师，你还记得我吗？"这一声把我叫醒。"天呐，你怎么变化这么大？老师当然记得你，你不是才一米五吗？"我一边拉着小豪左转右转看个不停，确认这真的是他，一边激动得跳起来。

"老师，三年了，我长大了。明天要中考了，我来看看你，让我多一点动力。"

那一瞬间，我送上了一个大大的拥抱，我的孩子长大了。

"我来的时候跟我们班几个同学打赌了，我说林老师看到我肯定激动得跳起来，果然如此。"小豪开心地说道。简短的聊天里，我了解了小豪的成绩，看到了小豪的自信，为他加油，给他鼓劲，并告诉他："老师等你们来报喜。"

中考结束的第二天，我像往常一样在办公室改作业，突然一个学生进来报告"老师，外面有人打架"。我听完似箭一般的速度放下手中的作业冲向门外，我像被定格了一样惊呆了，中间抱着花的小姑娘是珠珠，三年前的小班长已然长成亭亭玉立的少女。

"老师。"珠珠笑着叫我，而我尖叫着抱着她们，眼泪止不住地往下掉。

"老师，我们刚刚一路上还在打赌，说你见到珠珠肯定尖叫到哭，果然如此。"三个孩子随即大笑。我们像久别初见的朋友，述说着这三年来大家的变化和成长，他们巴不得把所有让我觉得惊奇的事情都在这几个小时内说完。

成绩放榜的那天，手机一直响个不停，打开一看，微信里多了个群"林老师的小土匪605班"。大家都在群里发成绩单，不一样的是，成绩差的学生已不再担心被老师骂，依旧将成绩发出来并@我："老师，三年后，我又给您丢脸了。"

终于等来了假期，这群孩子开始组织聚会，要求老师必须到场。那天，孩子们早早就到指定地点等我，三年未见，当年的小不点如今我需要仰着头跟他们说话了。

"你们都被哪个学校录取了？"话音刚落，全场哄堂大笑，掌声不断。

"老师，我们刚刚打赌你见到大家第一句会问成绩，果然如此。"小豪大声说道。

"我们太懂你了，赌你的反应都是逢赌必赢，你简直是长在赌注里的。"孩子们七嘴八舌地应和着，让我哭笑不得。

当年懵懂的我，遇到了这群跟我一同成长的孩子，如今他们都长大了，准备去往不同的地方读书了，是的，你们太懂我了，能做你们赌注中的老师，我太幸福了，而我也"桃李满天下"了。

深圳市龙岗区建文小学　林晓梅

点评：

教书生涯中的第一批学生，都已不再是当年的小毛孩，送走每一批学生都是幸福的，被毕业后的学生记住是幸福的，能长在学生的赌注里，更是幸福的。曾经看过这样一句话：虽然我们没有"财源茂盛达三江"，但我们有"桃李满天下"，足矣。

特别的爱给特别的你

下课了，我照例收拾好书和讲义准备整队送学生放学，手中的书很快被一个男生接过去，帮忙放到办公室了。下楼梯的时候，这个男生已经追上且与我并排走在一起，边走边说："我今天晚上要去美国看看，听说那里发生了恐怖事件，我要去帮忙处理下。"听闻这些，我一点也不惊讶，只是微笑地对他说："好的，你记得明天要回来上课，别迟到了。""不会迟到，我很快就会回来的，我速度超级快的。"

"那些问题必须我去了才能解决，我用我的法术，一下子就帮他们解决了。上次，陈老师的妈妈生病了，没告诉我，我不知道，我要是知道了，我施下法就可以帮他妈妈治好病的。我会法术，我练习了武功，现在我的武功已经练到很高级了……"诸如此类的话，每天我都可以听到。是的，这是一个低智商孩子对我说的话。看着这个孩子，我常常想起班主任培训的时候听到的一句话：作为班主任，对待班级的学生，不仅要有爱心、耐心，更要有怜悯之心。

所谓的怜悯之心，就是对弱者表示同情。这个孩子——小鹏，就是我们这个班级的弱者，一个低智商儿童，一个不会写字、不会认字的孩子，一个天天在课堂外溜达、在操场上打坐晒太阳、摘花摘草用水瓶炮制他所谓的解药……浑身脏兮兮、臭烘烘的孩子。

记得刚接手这个班级时，我还不是这个班的班主任，而只是这个班的语文老师。在那两个月的时间里，我看到班级里其他孩子对小鹏的欺负、嘲笑，看见这个孩子无助可怜的眼神，看见他无法表达的愤怒，看见他无言的哭泣……我的心在痛。虽然每次见着这样的情形，我都会制止、批评那些欺负、嘲笑他的学生，但是我终究不是班主任，不够权威，没有改变那些熊孩子对他的欺凌。

时间过得很快，两个月一晃而过，我担任该班的班主任，于是，威信上升，学生们对我这个还不是班主任时就对他们那么严格的老师有了敬畏之心。树立了在班级的威信后，我开始整顿班级欺弱怕强的现象，也就是同学们欺负小鹏这个问题。

一、自我认识之改变

开学伊始，我没有立即进入教学中，我首先开展了一次"把我的爱给他"的班会，通过观看视频，通过班会中的体验活动，让学生懂得要关爱特殊群体，懂得人不仅要有爱心，还要有互助之心，更要有怜悯之心。学生懂得了换位思考，懂得了要具有同情怜悯之心，便知道了对待小鹏要像对待自己的兄弟一样，去关爱他、呵护他。

二、互相帮助之改变

我在班级挑选了一些自愿帮助小鹏的学生，每天帮助他整理书桌、整理书包，每天在他无法控制冲出教室的时候跟着他，每天及时向我汇报他的情况和行踪。平时，这些志愿者也会主动邀请小鹏和他们一起玩、一起聊天（虽然大家都不知道他说什么），大家一起帮助他。

三、老师关注之改变

作为班主任，我对这个孩子有着特殊的关注。首先，我联系了家长，了解了孩子在家的情况和治疗的过程。其次，我经常利用课间的时间关注他，主动找他说话，让他帮我拿东西，告诉他，如果有人欺负他，就告诉老师，老师会保护他的，放学的时候交代他要按时回家，等等。

一个学期过去了，小鹏没有和我说过一句话，依然是见着我就扬长而去，依然是在课堂里坐5分钟就冲出教室，不见踪影。

就当我要失去坚持下去的信心时，转机来了。有一天我在课室改作业的时候，他突然站在我旁边说了一句话："我昨天去茶楼喝茶了。"我惊喜地抬起头看着他，问他："小鹏，你是在和我说话吗？"没有回答，他风一样冲出了教室，又不见人影了。看着消失在课室门口的背影，我感觉我一个学期的努力终于有了细微的见效，小鹏已经接受我，开始信任我了。

于是，我趁热打铁，经常利用课间主动找他，和他天马行空地聊天；当班级上有人欺负他、嘲笑他的时候，我当着他的面批评、教育那些学生，让他们给他道歉。久而久之，他越来越多地主动和我说话，虽然没叫过我一句老师（直至毕业，他也没叫过我），虽然每次说的都是无厘头的话，但是我知道他已经信任我了。于是，我在课室改作业的时候，教他认识同学的名字，我改一本作业，让他帮我发一本作业。于是，我教给他管理我的电脑、我的讲台、植物角的植物，教他回去帮妈妈扫地，让他天天洗澡、换衣服。慢慢地，全班同学的名字他都认识了，可以独立帮我发作业了。慢慢地，他能帮助我管理电脑，管理课室的植物角，能帮我发本子，放学的时候会很嗫嚅地和我说再见……

到六年级的时候，他认识了学校大部分的老师，能叫出部分老师的名字，有时候甚至还会调侃一些对他比较关注的老师；当他来到学校没见我时，会到办公室门口看我是否来了学校；有同学闹矛盾的时候能飞奔过来告诉我；有高兴的事情能主动告诉我——虽然词不达意。

苏霍姆林斯基说："教育是人和人心灵上的最微妙的相互接触。"就这样，我把我特别的爱给了特别的他。

儿童每天都在亲身地感受教师的行为举止，并在心灵深处做出最细腻的情感反应。当他感觉到你是真心关注他的时候，他就会对你敞开心扉。是的，教育学生，不仅需要耐心、爱心，有时候还需要怜悯之心，怜悯之心让我懂得了，特殊学生的特殊教育，需要我们特殊的关爱。

深圳市龙岗区坂田小学　张丽玲

点评：

教师的爱有很多种，不同的学生，给予不同的爱、不同的关注，才能真正做到因材施教。"敬人者，人恒敬之；爱人者，人恒爱之。"爱是用满腔的热情去感化，是春雨润物细无声的言传身教，教育学生，不仅需要耐心、爱心，有时候还需要怜悯之心。

自我矫正

苏霍姆林斯基说过："自我教育是学校教育中极重要的一个因素。"自我矫正，就是实施自我教育，以提高学生的自我管理能力为目的而探索的一种新的教育方法。它充分尊重教育主体的个性和利用主体，在教育中的能动性理论的指导下，变传统的教师纠错为学生自纠，是一种学生易乐于接受并能大大提高教育效率的方法。

小学生的年龄特征，决定了他们的自控能力相对较差，在学生的成长过程中，出现这样那样的问题或现象我觉得都是正常的，重要的是作为教师，我们该如何正确、巧妙、有效地帮助学生解决问题，促进学生不断进步。

根据学生所犯错误的轻重程度不同，采用自我矫正的具体方法也不同。例如，写"说明书""反思书"和义工补偿，是我常用的几种行之有效的方法，这些方法各有千秋、互相补充，在自我教育中发挥着不可替代的作用。

小学生自控能力差，在成长过程中偶尔犯小错也是难免的。学生在不经意间犯了小错误，就让他写说明书来说明情况，轻重适度。例如，班上孩子有迟到现象，我从不批评孩子，先了解孩子迟到的原因，如果不是有身体不舒服等客观原因，而是孩子自己拖拉、磨蹭的话，就必须要求他们写说明书来说明迟到的具体原因，同时说明书还要有家长的签名。这样一来，孩子既清楚了自己为何迟到，也便于家长了解孩子的情况，能起到家长监督、重视的效果，迟到的现象自然就没有了。

如果认为学生犯了较严重的错误，我就让他们写"反思书"。其目的是让学生反思自己的不良行为以及带来的不良影响，同时确定今后努力的方向。昨天早上早操的时候，全班学生都被留了下来，原因是早操动作不标准、不到位，有的学生站在那里偷懒、不做。回到教室后，我要求每一个学生好好反思，用写反思书的形式写下来。下面我们来看看其中一个学生的反思书：

早操反思书

今天早操，我做得很不好。因为我早上从班上出来后，没有很认真地踏步，摆手动作不到位。进场时，我到楼梯口还是跑下去的。在原地踏步时，我也没有把手摆得很好，这样才导致被留了下来。

我以后要这样做操：第一，在班门口踏步时要做到快、静、齐。第二，在走廊踏步时不讲话、不打闹。第三，在做操时要做好每一个动作，跳跃运动时要跳起来。我一定要做到以上几点，下次一定要好好做操。

这样的方式不仅能够让学生深刻地明白自己行为上的不足，正确看待自我、观察自我、调节自我、不断完善自我，还能够改善学生的不良行为，改变学生的精神面貌。第二天，在做操时，学生们的整体表现有了很大的转变，最后还受到了学校的表扬，早操整齐，动作到位。

如果学生自己做错了事，并影响到全班同学，就通过为大家做义工的形式来进行矫正。例如，在轮到自己值日时忘记值日，成了"逃值生"，这个时候该学生可以用自己的方式来弥补自己的过错，措施可以自己选择，获得大家的允许则可以通过。这时，学生会自愿选择为全班同学做擦课桌面的服务，既服务了全班同学，又矫正了自己的不足。同时，为全班同学服务，让学生觉得是一件非常荣幸与高兴的事情。

以上方式在自我教育中起到了很好的作用，促进了每一个学生的健康成长。

深圳市龙岗区依山郡小学　余巧辉

点评：

世界著名的心理学家威廉·詹姆斯说："播下一个行动，收获一种习惯；播下一种习惯，收获一种性格；播下一种性格，收获一种命运。"学生在成长过程中，出现这样那样的行为是很正常的，余老师采取适合学生的方式，引领学生进行自我矫正，促进了学生的自我教育。

左手敬礼，加个笑脸

九月一日，一个牵动全体教师、全体家长、全体学生心弦的日子。这一天，假期已全部用完，新学期正式开始。同往年一样，开学第一天，一年级的家长恨不得自己也留在学校跟孩子一起读书；与往年不同的是，有一位头发花白的老奶奶紧紧抱着她的孙子，一起坐在教室的第一排，喜悦的笑脸依然掩盖不了她眼里的无助。

待家长都走得差不多之后，小毛的奶奶拉着班主任老师说："老师，我们家小毛右手有点不舒服，可能动作比较慢，麻烦您帮我多关注一下。"得到老师的允诺后，小毛的奶奶才不舍地离开学校。

小毛，一个圆头圆脑的小男孩，黑黑的皮肤下，那双圆溜溜的大眼睛写满了对周遭的好奇，小脸蛋上永远挂着他那标志性的笑脸，似乎他的世界永远是那么快乐。

开学一周后，老师开始发现小毛的异常。他上课总是面带微笑专心听课，但却没听懂老师说的话；他的反应比别的孩子慢，却任何事情都很积极；他在学校写不好课堂作业，却能把家庭作业完成得很好；他基本上都在用左手做事，右手却似乎不只是不舒服那么简单。发现这样的现象后，班主任老师马上联系了小毛的家长，发现永远都是小毛的奶奶出面。几次三番，小毛的奶奶才拉着老师的手，含泪跟老师说了小毛的情况。

原来小毛的父母都是残障人士，爷爷奶奶本以为不会遗传，却没想到，小毛也出现了智力障碍、肢体反应迟缓的情况。孩子一直由爷爷奶奶抚养，阳光的心态、积极向上的态度，是爷爷奶奶教给小毛的。作业不会做，都是奶奶雇邻居帮他写的，因为他说不能不写作业。知道这一情况后，学校和老师纷纷给予了帮助与关怀。

一次班会课上，老师正教同学们敬队礼，小毛全神贯注地学着，可是无论老师怎么纠正，他都只会用左手敬礼。在一年级入队仪式上，老师安排小毛站在队伍的最前面，他面带微笑、自信满满地等待五年级的哥哥姐姐为他戴上红领巾。当主持人宣布请全体少先队员敬礼，齐唱《少年先锋队队歌》的时候，小毛高举左手敬礼，他挺着胸脯，胸前的红领巾显得格外耀眼，秋风吹拂下，他的笑脸如阳光般灿烂。

成为少先队员的小毛，更加积极，也更加开朗了，在老师的耐心引导下，就算上课听不懂，他不懂的问题也一直拉着老师问；就算作业写不好，他也自己一点一点写完了交给老师。他每天都戴着红领巾，走在校园里，见到老师，他总要举起左手敬个礼，唯一不变的是他那阳光般的笑脸。

深圳市龙岗区建文小学　林晓梅

点评：

生活跟小毛开了个玩笑，小毛却还生活一个微笑。作为一线教育工作者，我们看过了、表扬了无数优秀学生，往往会遗忘了角落里那些折翼的小天使，他们的出色，也一样渴望被关注。